日本人的道德力

超越道德的日本精神

日本人の道徳力

道徳を超える日本精神

黃文雄 著
Ko Bunyu

黃柏誠 譯

目次

導讀

黃柏誠

前言

本書是黃文雄先生針對日本社會在戰後產生的所謂的「道德退廢」現象所進行的本質性探討。根據黃文雄先生的看法，「道德退廢」是戰後逐漸蔓延開來的現象，其成因涉及從戰前到戰後日本精神史的變遷，亦即與日本的思想和文化的轉變有關，「道德退廢」不是偶發的，而是在邏輯的、論理的軌跡中呈顯其發生的必然性。因此，對日本道德退廢現象的探討，必須深入到日本思想及文化變遷史的層次，這項探討根本上成爲了對日本精神及日本精神發展史的一項綜合性研究。

日本的道德退廢，「其理由非常多元，絕非只有單一的理由。但是，其元凶之一，即是所謂的戰後標榜民主主義之自由、平等、博愛的進步思想」（一，12）。二十世紀日本思想的變遷，是以日本敗戰作爲轉折，由米國所帶來的新文化爲日本所吸收，這樣的

「進步」思想，卻同時也導致道德的退廢。反之，所謂的「保守」的、應該被改造的、著重日本傳統精神的戰前社會，反而是道德性極高的社會，國民與當代相比具有更高的道德力。台灣的日本語世代對於戰前日本人的推崇，以及對於戰後日本新世代的怨嘆，或多或少也佐證了這項觀察（七，10）。

進步的社會卻讓道德能力不進反退。這個弔詭爲重新檢討所謂的「進步思想」提供契機。問題在於，進步的時代衍生道德退廢；落伍的時代反而道德進步。所以，進步與落伍既相互矛盾，卻也彼此蘊涵，無法一刀兩斷。認識其中的矛盾，而予以超克，才能解決道德退廢的問題。對黃文雄先生來說，日本的傳統精神，本身就是超克矛盾的精神，所以認識眞正的日本精神，才是解決問題的方式（三，5）。

由於對於當前的失落感，社會上便出現要求「道德教育之復活」的聲浪（一，7）。但是，儘管道德的教育的復活，不該一概地被否定（一，7），然而，道德的退廢，卻「不應該只從傳統的美德被捨棄一事來探究其原因」（二，1）。若僅朝「道德主義」的方向修正，只是以另一套價值標準來否定現有的價值標準，或以一個時代的價值觀取代另一個時代的價值觀，甚至只是以對立中的一個極端取代另一個極端，不僅沒能發掘眞正的日本精神，也無法眞正解決道德退廢的問題。

眞正的日本精神，是超越道德的。即便日本的核心思想與文化，或日本傳統精神之中包含了「道德」的成分，卻不能因此斷稱「道德主義」即是日本的固有精神。「戰後日本的道德退廢這件事……毋寧在對於『超越道德』的日本文化的否定這件事上存在著較多的原因。」（三，5）日本精神包含了道德，更超越了道德，能容受新與外來的價值觀。這是黃文雄先生在本書中所欲闡述的核心思想，也可以說日本人的「價值哲學」是某種超越道德善惡的哲學。這樣的價值哲學，讓日本人保有高度的道德力，卻能避免中國在儒家思想支配下的道德僵固性、獨斷性及表面化；也因爲這樣的價值哲學，讓日本無論在明治維新及終戰後都能迅速調整自身的體質，順應新時代的要求，不會頑固抗拒新與外來的價值。即便道德退廢爲其代價，並且「尚未能夠找到對應於時代變化的價值基準」（二，1），然而活躍的自省力，不至讓自身沉淪於民主政治下的放縱、平準與濫情而無法自拔。日本精神中的「變」與「容」，恰恰與受儒家影響的中國社會的「僵」與「執」形成明顯的對比。「認識日本自己」，而非僅流於「復活道德教育」，是黃文雄先生爲日本道德退廢問題所開出的藥方。

對於本書的組成，有四個主題作爲理解的進路可供讀者參考，其分別爲：一、價值（眞、善、美、聖、利）問題；二、儒教的僵固性和自我矛盾；三、超越道德善惡的日本精神；四、戰前與戰後時代精神的轉換。

一、價値（眞、善、美、聖、利）問題

談論日本精神，需先討論日本人的價値觀。黃文雄先生提到，價値基本上可區分爲眞、善、美、聖、利五類。眞是知識的價値；美是藝術的價値；善是道德的價値；聖是宗教的價値，利是功利主義的價値。西洋人追求眞，探尋知識的眞假；印度人追求聖，嚮往超越與崇高的聖域；日本人追求美，以審美眼光評價事物，「美的共感」成爲超越一切的最高價値（一，5）[1]。中國人追求善，深受儒教之影響，具有倫理道德意識，傾向論斷行爲的善惡，主張重義輕利。近代資本主義追求利，「就資本主義的價値觀來說，與利無關連的善，不是眞正的義」（一，5）。黃文雄先生聚焦於善惡問題，以儒教的善惡對立和義利互斥觀及存義去利的思想，作爲闡述日本精神之不同之處的鋪陳。日本超越道德的傳統精神則是超克儒教善惡對立的精神，或者說，即是日本人特有的美意識。

二、儒教的僵固性和自我矛盾

中國人的道德低落，不是因爲其不強調倫理道德，反而是因爲其固守僵化的倫理道德，以其爲善，而將對立的價值觀視爲惡而否定之、排除之的緣故。儒教基本上以天理爲善，以人欲爲惡（二，6）。何謂天理，具體言之，即是以「孝」爲中心的宗族倫理，「『孝』被視爲家族全員的生活規範。如果一家一族的家長變成作爲一國之長的王或天子的話，這個孝便即刻被擴大成『忠』，而忠君愛國便成爲全體國民的生活規範」（二，13）。「忠孝不是約束君臣、主從、親子間的權利與義務關係的東西，而是規定著君臣、主從、親子間之下對上的單方絕對服從的奉仕關係。存在的是雖有義務，卻無權利的純然的絕對服從，是異議申辯之行使不受容許之單方的倫理」（三，11），「如此一來，在所謂忠孝的美德之名下，以家族爲基礎，君主爲頂點的金字塔獨裁的縱向支配體系於焉成立」（三，11）。

1　關於藝術及美，如果輔以德國哲學家黑格爾的解釋，藝術是以感性直觀的方式來把握世界的本質或上帝，而美則是理念或上帝的感性顯現。

在宗族倫理下，「父子有親，君臣有義，夫婦有別，長幼有序，朋友有信」等五倫爲具體規範。此外，尙包含抽象的仁義。仁義沒有明確的定義，「在歷史上，義若順從禮的規範時，作爲肯定封建社會的權威主義和傳統主義的人間社會的行動原理，便完成了所謂服侍支配體制的任務」（四，13）。一般來說，即是對人欲的否定，以避免脫秩序的人欲對宗法結構產生破壞。所以抽象的仁義作爲對脫秩序的人欲產生干預和抑制，有助於具體的宗族倫理之鞏固。

天理之善與人欲之惡是獨斷區別下的二元結構，而儒教對人性又依照天理之善與人欲之惡之不同稟賦而被區分爲本性及非本性，或本質與非本質。孟子與荀子不同之處只是本性之所在的差別。孟子的「性善說」所說的性，是天理之性，天理之性爲善性，出於欲望而遮蔽了善性成爲惡（四，7）；荀子則把人欲這面視爲本性，卻同樣把人欲之性視爲惡，而有所謂的「性惡說」，把仁義道德視爲後天習得的善。即便荀子把人欲這面視爲本性，其與孟子一致之處，是以人欲爲惡、仁義爲善，因此同樣歸於儒家的系譜之下。

然而，人性本非稟賦作爲人欲的否定面的天理之性而已，人欲之性既然是人性的一部分，其存在的目的和價值也不容否定，如何能夠斷定其爲惡？以天理之性爲善，以人欲之性爲惡，而後存天理，滅人欲，以達存善去惡的目的，這似乎接近「不矛盾律」的概念。在「形式邏輯」下，同一事物無法同時存在又不存在，亦即同一事物無法同時作爲矛盾的兩極而存在，例如同時是A又不是A，必須在A與非A之間有所取捨，此即「不矛盾律」下的「二者擇一」（三，7，13）。若依此邏輯來看待現象，只能將其中一方視爲本質或眞相而肯認之，而將另一方視爲非本質或假相而捨棄之，亦即必須化爲一實一虛，一眞一假才能合乎「不矛盾律」的判準。儒家的「存天理，滅人欲」，或「重義輕利」的邏輯似乎傾向「不矛盾律」的邏輯。然而，若依所謂的「思辨邏輯」，矛盾的雙方必然相反相成，相倚相生，無法對兩方進行取捨。道家則接近此套邏輯。在此邏輯下，否定一方的實在，理論上等同於消滅另一方的存在。亦即，「不矛盾律」不僅不適用於思辨邏輯，實際上也不可能「二者擇一」，無法達成「存天理，滅人欲」的目標，這也是道家對儒家的批評之理據。

若以此邏輯來反思儒教的思維，便不難理解儒教思維爲何造成中國人的道德低落。由於天理與人欲，義與利相生相成，即便試圖存天理去人欲，或重義輕利，人欲卻無法消滅，利得亦無法忽略。在此狀況下，若刻意壓抑，反而轉向另一極端，而產生「言行不一」或「陽奉陰違」（三，9）的狀況。若長久以來無法理解兩極的關連，一方面處處壓抑凡人的欲求，不僅達不到聖人的理想，最後反爲欲望吞噬；另一方面，「從外面愈以仁、義、五倫、五常來強制，作爲人間固有的良心反而更容易受剝奪」（三，7），如此形成惡性循環，最終導致常態性的「表裡不一」，君子爲表，小人爲裡。政治上則有所謂的「陽儒陰法」，或表面以「德」，實質以「力」來統治的實況。這是儒教思維結構開展之後合邏輯的結論。老子以「大道廢，有仁義；智慧出，有大僞；六親不和，有孝慈；國家昏亂，有忠臣。」批評儒教的仁義觀，「正因爲世間紊亂、荒廢，才有以仁義爲必要的這個思想」（三，7）。老子主張「『仁義道德』是社會騷亂的元凶。否定人爲的『仁義道德』而主張回歸自然的必要性」（四，11）。此即所謂「絕聖棄智，民利百倍」、「絕仁棄義，民復孝慈」。

三、超越善惡的日本精神

根據黃文雄先生的見解，戰後日本的道德退廢，是因爲遺忘了「超越道德」的日本文化（三，5）。日本人不受中國儒教道德的僵固性所拘，對儒教的反思產生如下結論：「過仁，則弱；過義，則執；過禮，則諂；過智，則辯；過信，則損。」以及「過勇，則暴」，此爲戰國武將伊達政宗的家訓（四，11；後記）。這意味過度強調矛盾的一方會即刻轉化成其對立方，亦即過渡到「反題」（Antithese）（四，11），此即老子所說的「物極必反」；並且，日本人也相信「義即利」，如明治初期的外相陸奧宗光的觀察（四，5；後記），此即看出對立的兩極蘊含彼此，即老子所說的「相反相成」。日本人以近似道家的思維來批判儒教的善惡觀，其能超越僵化的善惡對立，道理即在此處。如果自我強調而排除他方，此方的善會轉向彼方的惡。然而，如果此方的善會轉向彼方的惡，彼方的惡也會轉爲此方的善。黃文雄先生以尼采「以惡制惡」的思想爲例來說明。以進步方的暴力革命（惡）牽制由善轉惡的保守方的暴力，是爲善（五，1）。暴力的濫用是暴力；然暴力作爲阻卻暴力濫用的方法，則是正義與善。正義與暴力兩者相互蘊含，在節度之中，皆爲善；越出節度，兩者皆爲不善，或皆爲惡。

在對儒教的批判之外，如果從文化的深層結構來說，日本人深受佛教思想的影響。佛教的「無記」觀在超越道德善惡上扮演重要的角色。「在佛教思想中，有所謂的『若無善，即無惡』的思考方式」（五，2）。這被稱爲「無記」觀。黃文雄先生有一段話：

在佛教方面，原來有眼、耳、鼻、舌、身、意等六個「識」被提出。作爲外界之認識者的，是視覺、聽覺、嗅覺、味覺、觸覺，然後是關於思考及感情的所謂的「心」。在「唯識」論方面，在這個深層裡，尚有末那識與阿賴耶識的存在被思想著。末那識專司自我意識，阿賴耶識則是我們至今爲止經驗到的一切東西所蓄藏之處。也被譯作「藏識」。我們的經驗及具體的行爲作爲全部的「種子」被記憶、蓄積在阿賴耶識（藏識）裡面。然後，不斷地重新產生出新的行爲及行動。

藏識是過去經驗的總體。由於它是認識一切事物的立足點，所以在這之中被完成的時點上，既無善也無惡的存在，也就是所謂的「無記」。但若由「藏」中走出的話，便會淪爲善或淪爲惡。（五，2）

上文提到，對立的兩極，如義與利，正義與暴力，在節度之內都是善，越出節度則淪爲惡。所以義與利或正義與暴力，兩者皆善，亦皆惡。善惡蘊含在同一個事物之內，同一個事物既表現爲善，亦表現爲惡。而事物本身，如上述的「藏識」，本身則無所謂是善是惡的規定，亦即超越了善惡，或名爲「善惡一如」。這不僅是「心」的原點，也是心的歸宿。與儒教追求道德上的善不同，佛教追求超越善惡的境界，「達到這個境地的狀態，即『捨棄善惡、脫離俗塵、超越今世與未來之生死觀的狀態』、從被囚禁在善惡的狀態中解放的存在，這便是『佛』的存在」（五，2）。

在儒教方面，道德要求和實踐淪爲表面化，實際上由功利意識所主導，此可稱爲「利實義虛」。即便如此，卻無法反轉往功利與世俗化淪陷的結局，這是因爲儒教缺乏深刻的宗教意識的緣故。在佛教方面，一方面以超越善惡爲志向，不受僵化善惡觀所綑綁；另一方面，人生的苦樂受前世今生之行爲的因果性所決定，此即所謂「自業自得」的業報思想。因緣果報是行爲主體自我決定下的結果，因此是創造性的因果，自主的因果，超現世的因果，惡因必報以惡果，善因必結成善果，不受今世之時空所限。然而，儒教一方面深陷「義利矛盾」，在實踐上「利實義虛」；另一方面，「未知生，焉知死」的現世思想（六，3），缺乏超越現世的「德福一致」的意識，爲功利主義的正當化，以及道德主義的虛無化創造了條件，機巧者爲了享受短暫的今世，尚可利用道德詐騙，讓道德淪落爲助長惡的工具。誠如黃文雄先生所言，「天子與儒家倫理有別，根本上，成爲以德之體現者爲名的僞善者」（三，3）。

日本禪宗的開祖道元禪師，日蓮宗的開祖日蓮上人、以及被稱爲「捨聖」的一遍上人論及「善惡一如」和超越善惡（五，4）；而淨土宗的法然和親鸞上人談論「罪業」及

「罪的救助」（六，3）。「在宗教家以外作爲持有超越善惡的善惡觀的日本人，寫作代表武士道思想的著作《葉隱》的江戶時代武士山本常朝不會被忘記」（五，4）。「所謂的武士道，是看見死亡之事的方面」（五，4），是山本常朝的名言。「……山本常朝，否定思索與理智的判斷，也藉由超越儒教的善惡觀，而獨尊行動。『思善則爲惡，思惡亦爲惡，之於善惡皆爲惡，無思之處是善焉』爲其所述，武士之美學在超越善惡之中只論及是否實行。美持有比善還高的價値是所思之點」（五，4）。首先，武士受儒教影響忠於主君，「以義爲專」（四，13）；其次，武士受佛教影響，看見「死亡之事」，脫離儒教的「貴生賤死」，並且獨尊行動，只論是否實行，無思善惡，不在乎無謂的善惡爭辯。其三，武士受神道影響持有超越善惡的美意識。藉著武士之美學，超越善惡的日本精神不僅在所吸收的佛教中，進一步在日本固有的神道中找到根源。日本固有的美感是所謂的「清明性」和「潔淨性」。黃文雄先生說：

日本人的內心深處時常是以「清明性」和「潔淨性」爲最高的價值。在這裡，日本人看出了美。這件事如果見諸歷史上的人物的話，也會得到首肯，特別在武士道中被恰當地表現出來。對今天的日本人來說，「潔淨性」仍舊是有魅力的，毋

庸置疑是作爲最像日本人的稟賦而被評價的事物。（四，6）

這方面也是評論家福田恆存所陳述的看法。福田表述：「日本人的道德觀之根柢是美觀。而這個美觀之最低限度所表現出來的原理是所謂的無污之事，這點又得以成爲最高的原理。」（《日本考察》，文春文庫）江户時代的國學者們大多數也認爲美和像和歌那樣的文學超越善的存在。（四，6）

「清明性」和「潔淨性」是美的原初感受。一般來說，清明潔淨或透明澄澈則是水的意象。水是「清明性」和「潔淨性」的載體，希臘哲學家泰利斯以「水」爲萬物的本質，老子也有「上善若水，水利萬物而不爭，處眾人之所惡，故幾於道」的名言。無論西洋或東洋，皆曾以水來比喻本體或道。日本人原初意識中的罪，是對清明潔淨之美的否定，例如醜惡與污穢是罪，而非宗教上、道德上及法律上的罪。「在這方面，對美意識來說，放縱的、不潔、瀆職、醜惡被認爲是罪，於是，藉由『禊祓』而將之潔淨，並能除去，也被深信不疑。」（六，1）宗教上，關於罪的談論，可藉佛教的「無記」觀來理解。「無記」分爲「無漏無記」及「有漏無記」，善與惡以及罪與贖的區別發生在

「有漏無記」的階段。黃文雄先生說：

有漏的「漏」即是煩惱存在的狀態；無漏則是無煩惱的狀態。有漏無記是身處輪迴轉生之迷妄世界裡的無記，無漏無記則是成爲所謂的從輪迴脱離而身處覺悟的世界中的無記的這件事。有漏也被稱爲相對，無漏也被稱爲絕對。有漏善是相對的善，無漏善是絕對的善。（五，2）

相對的善即是善惡的分別，因此仍停留於罪惡與救贖的相對意識之中；絕對的善即是善惡無分別的狀態，有如佛教所說的「空」，德國哲學家黑格爾所說的「無規定的直接性」（Die unbestimmte Unmittelbarkeit），近代日本京都學派哲學開創者西田幾多郎所說的「純粹經驗」（四，1）或「絕對無」。

無論神道或佛教對心的境界，都有「相對」和「絕對」階段的區別。神道的絕對階段是超越美醜的清明潔淨；佛教則有超越善惡的空或絕對無；老子也以超越「有名」的「無名」作爲天地之始。

最接近儒教相對的、道德的評價的意識，應該算是日本人的「恥意識」。「從儒家思想來看的話，善惡行爲之決定這件事，不是『神罰』，而是世間的裁判。不是刑罰的制裁，而是『道義』上的非難。基於對道義非難的恐懼，恥意識便萌生出來」（六，3）。黃文雄先生引精神分析學者比爾斯（Clifford W. Beers）觀點而表示：

根據比爾斯的主張，「超自我」與「罪意識」有很深的關連，而「自我理想」與「恥意識」則持有密接的關連性。所陳述的是，相對於「罪」是由「自我」與「超自我」之間的緊張關係所產生的東西這點，「恥」則是由「自我」與「自我理想」之間的緊張關係所產生的事物。（六，2）

我們可將之解讀爲，罪意識是宗教意識，是在絕對者與相對者，或者是神聖與世俗的對比中產生的意識；恥意識是人間的意識，是世俗的相對者在優劣對比下產生的意識。所以「決定行爲的善惡的東西不是『神罰』，而是『世間的制裁』。不是依據法律而來的制裁，而是『依據道義而來的非難』。對於道義的非難之恐懼是作爲『恥』而存在著的東西」（六，2）。

罪的感受由深至淺，最深層的罪感來自神道的、美學的「穢文化」，中層的來自佛教的、宗教上的「罪意識」，表層是人間的、道德上的「恥意識」（六，5）。

所以日本人的罪的意識包含著神道、佛教及儒教等多層的樣貌。以作爲日本精神的象徵，包含神道、佛教及儒教思想在內的武士道爲例，其基本上包涵了儒教，卻藉由神道及佛教超越了儒教的相對性。

然而日本的儒學者，也曾試圖將中國的儒教本土化，而就儒教本身進行超越，所提出者，即所謂的「誠」的概念。「誠」延續神道傳統之「清明心、潔淨心」的概念，如黃文雄先生所說：

在大和、飛鳥、奈良朝以降的日本，雖然佛教和儒教的思想從大陸傳入，但日本人一方面保持「清明（赤）心」，一方面受容外來的規範、多樣的價值觀，而不斷變換樣貌下去。（八，3）

這個「清明（赤）心」雖經過「明淨直」、「淨明心」、「清明正直心」、「明淨心」、「忠赤誠」、「貞淨心」、「淨明心正直言」、「忠明誠」、「正直」等樣態變化，其核心理念卻不變地傳承下來（八，3）。進入近世之後與儒學融貫，而發展出獨特的「誠」的概念（八，4）。如黃文雄先生所說：

> 日本人重視「誠實」和「眞心」，是從神代的時代以來連綿不斷的傳統。武士道精神雖然基於「義、勇、仁、禮、誠」以及「名譽」和「忠義」而成立，但從幕末開始，「誠」特別被突顯於前。（八，2）

而誠的概念在伊藤仁齋和山鹿素行兩位儒者那裡被明確地定義出來，黃文雄先生說：

> 對於林羅山等的官學儒學者，市井的儒學者伊藤仁齋對於以敬爲中心的思想批評其只是拘泥於外面的威儀，把武士的矜持過度看成是大事，對於自己和他人只是施以嚴格的要求，結果內面的東西反而被疏離化。（八，4）
>
> 山鹿素行對「誠」的注視，也是從這個流派所出，對他來說，雖然應該端正威儀，若存在無法止息的心情，亦即從內面湧出的情感本身的話，對他人竭誠之事

才有可能。（八，4）

無法止息的、由內面湧出的情感本身才是眞道德之根源和歸向。黃文雄先生對「誠」所做的總結如下：

關於「誠」，「誠」本身是通貫日本精神而不變的精神，其被稱爲美、眞、善之一體化的表現、以及言行一如之樣態。作爲這點的理由，「誠」不僅表現出美，同時也是眞和善所在之處，因爲其表現出藝術、道德和宗教的緣故。總之，也可說其實現了一切的根源。（八，1）

四、戰前與戰後時代精神的轉換

日本的道德退廢，誠如黃文雄先生所說：「其理由非常多元，絕非只有單一的理由。但是，其元凶之一，即是所謂的戰後標榜民主主義之自由、平等、博愛的進步思想。」（一，12）民主主義之自由、平等、博愛是戰勝國對敗戰的日本所進行的思想和文化改造。然而，爲了挽救道德退廢而向戰前價值的回歸雖不該完全受到拒斥，卻不是徹底的途徑，根本方式還是要對日本超越善惡的傳統進行理解。

依據上述的討論，進步思想導致道德退廢，必須以「物極必反」、「越節則惡」的哲學來理解。無疑，自由、平等、博愛是善的價值，然而，自由過度則淪爲放縱；平等過度則消滅値差，博愛過度則虛僞濫情。黃文雄先生借用尼采思想一針見血地指出民主主義與社會主義的「奴隸道德」之「亂象」：

> 由尼采那裡所看到的現代是奴隸道德支配的時代，而民主主義與社會主義正是它的代表。因此，平等的思想、進步的思想不過只是返回到畜群的膽小根性裡去而已。（五，1）

自由、平等及博愛的價值，在尼采的意義下，並非何等偉大的「普世價值」，充其量不過是奴隸的道德或奴隸道德對主人道德的反撲。自由一方面出於反抗壓迫，卻也輕看了道德自律；平等是反抗歧視，卻也取消了價值的進取；博愛正當化接受同情與憐憫，卻遺忘了自愛的根本。原本身處社會的底層、以經濟利益爲價值的商人及受其支配者，分別根據民主主義（或資本主義）與社會主義，一方面聯手消滅了貴族或武士的道德自律、價值進取和自尊自愛；一方面相互競逐利益的分配權。在取消身分、階級等「質」的不平等之際，實以金錢爲最高價值，這也是商人反轉自身階級地位的契機。窮人期待變成富人，富人期待成爲巨富，正當化財富「量」的不平等。民主主義和社會主義的現實，實爲寡頭政體與民粹政體的混合物。這樣的狀況下，「道德退廢」是必然的結果。日本的保守主義的聲浪，某種意義下是看穿了進步主義之虛僞性的結果：

……於是爲了克服這樣的弱者帶來的矮小化的、凡庸化的及敗退的時代，必須讓出於大眾的怨懟（對支配者的憎惡）而被倒轉的價值再次被逆轉，必須重建主人之道德。在這裡，尼采要我們對於和平以戰爭，對於平等以位階秩序，對於同情以嚴罰，對於謙虛以剛毅，對於良心以自尊等所謂的主人道德來取代並再建它們。

（五，1）

論理上，相對於平民階級，同國的菁英階級較少面臨自由、平等及憐憫匱乏的威脅；反之，道德、卓越及自尊的淪喪才會使其感到恥辱。因此，最惡的狀況或許不是大眾沉溺於自由、平等及博愛的假相，而是政治及文化菁英自我放棄道德、卓越及自尊的擔當，徒然爲了政治權力、金錢利益以及人道主義者的虛名，媚俗地討好放縱、價值消滅及虛僞濫情的現況。而扭轉現況不能一味盲信戰後所謂的進步的價值體系，必須對於戰前所謂反動的價值體系重新評估。黃文雄先生也說：「我無比地歡迎『往戰前的回歸』。這點是我從數十年間所從事的戰前史研究中得到的、對於日本史的『正確的歷史認識』。」（七，10）

向戰前或道德教育回歸的呼聲，某種意義下是菁英階級的自我意識，也是主人道德對奴隸道德、菁英價值觀對平民價值觀的反抗。基本上，是一套正當的價值觀對另一套與其對立的、原本正當的、卻自我絕對化而導致獨斷偏狹的價值觀的挑戰。

誠然，在黃文雄先生的觀點下，向戰前的回歸絕不是對民主主義之自由、民主、博愛的否定和拒斥，而是對其之偏狹化與獨斷化之矯正；因此，向戰前的回歸不是最終目的，否則又陷入道德主義、菁英主義者的偏狹，而是藉由重估戰前的價值，形塑包容民主主義並超越其偏狹性的新的價值，亦即，在兩極中，當一極走向偏狹與獨斷時，藉由另一極之力將其導回節度之內。在無限擺盪中，讓兩極共存，而實現日本精神的「變」與「容」。此即超越道德善惡的日本精神。

後記：台灣人對「戰前」與「戰後」的理解

台灣不像日本有所謂戰前道德高揚和戰後道德退廢的問題意識，因爲台灣人在戰後首先面臨的是兩個外來政權交替，其次是所謂外來政權和台灣本土政權之間的矛盾。而這項矛盾，始終著重於政治層面。在這項衝突之中，站在台灣人的立場，本土和民主被看成是善，外來和專制被看成是惡，「本土化與民主化」以及「外來政權與專制」之爭因而被化約爲善與惡之爭或進步與反動之爭，兩者勢不兩立。惡的一方不僅包括國民黨威權統治，也被認爲包括日本殖民統治和歷來的外來政權在內。而人們相信，善終將戰勝惡，進步終將超克反動，這是所謂的進步主義觀點。在政治層面之外，尚有文化層面的對立。關於文化問題，一方面可說被隱沒在政治鬥爭中；另一方面，與本土和民主相連繫的意識形態被廣泛宣揚。與之相對，外來政權和專制所立足的價值系統，例如菁英主義和保守主義，隨「政治不正確」而受到反制和鄙棄，成爲「思想上、文化上的不正確」。所給出的一般理由毋寧是，無論日本殖民統治時代或國民黨威權統治時代，都帶有反動的意識形態，在進步性這裡沒有討論空間。因此當民主戰勝了專制，本土取代了外來，那麼，不僅政治問題，彷彿台灣內部的文化問題也迎刃而解。但若深入反思，台灣人相較於日本人，雖知民主、自由、平等、人權等觀點的「進步」，卻不識菁英、保守主義的價值爲何物，遑論能認識到「戰前」的價值爲何物。戰前和戰後對許多日本人來說不單是專制和民主的對比，且代表不同價值系統的更替。甚至，戰前可說是日本的「本土化」時代，戰後反而是「反本土化」的時代。對許多台灣人來說正好相反，戰前被認爲只是專制和殖民，戰後才有民主和本土化。所以戰前和戰後之間，無疑是戰後也只有戰後才存在著進步和正確的價值。對於本土化和反本土化的歷史，日本人的史觀正好和台灣人顚倒。

誠然，日本的有識之士看出了所謂的「進步」之強制性和片面性。日本人在呼喊「進步的文化人」時，反而有點諷刺的意味。而台灣則把所謂的「民主、自由、進步、人權」當成絕對的眞理或神主牌。

在許多日本人的眼裡，所謂的進步不過是戰後米國人帶來的觀點。事實上也的確如此。所謂的普世價值其實是米國價值，所謂的台灣本土化其實是米國化，所謂的民主化是米式的個人主義和功利主義。日本看到了戰後價值的外加性和片面性，台灣卻把米國價值當成自我價值，沉浸在虛假本土化的驕傲之中。

然而，什麼是眞正的本土化？本土化勢必要探尋台灣的傳統價值爲何。如果台灣在戰後的第一次改變是民主化和本土化的政治改革，那麼在政治改革完成後，必須對民主化和本土化（米國化）做再次檢討，儘管我們的本土化進程落後了日本一大步，然而這項自我探尋或許才是眞正的本土化運動。

在東亞文化所涵蓋區域，有著大致上與米國價值對反的傳統價值系統：如果米國提倡自由、個人、平等、利潤和經濟的優先性，那麼東亞文化在傳統上則強調自律、團體、値差及道德的優先性。兩套價值系統有著明顯的對立和矛盾。

日本所謂的保守主義者，基本上也是立足於後項價值體系而挑戰前項的極端化。在戰後七十餘年的過渡中，日本人覺察到米式的自由轉成了放縱，個人主義變成利己主義，平等造成了價值虛無，利潤和經濟造就了金錢至上。這些現象，在「進步」的台灣，也不遑多讓。然而，即便抱怨者不在少數，一旦面臨進步與反動之抉擇，這些現象就被當成進步的代價，並樂觀地相信進步價值的自我療癒能力。然而，許多日本人卻不這麼認爲。要扭轉當前的困境，不能盲信所謂的進步價值，反而必須仰賴對立的價值系統來克服它，此價值系統即爲「傳統」。

戰前和戰後、保守與進步之辯證的問題，不僅是政治的論辯，根本上還是文化和思想的論辯。尤其台灣尚包含兩套對立價值存在之前的原住民文化。這方面，日本保守主義者的思路或許能作爲台灣廣大的「進步文化人」的參考。

譯者　謹識

第一章

今日，日本的道德正在荒廢中

一、日本是把人權看成大事的國家

前些日子搭乘山手線的時候，有一位大腹便便的母親牽著幼子的手前來搭車。車內座位都被坐滿，優先席上坐著四十歲左右的上班族、從學校回來的女子高校生，以及大概接近六十歲的女性，但卻沒有人想離開座位把位子讓給這對母子。這樣的光景在最近顯然已變成理所當然的事情了，這不免令人感到遺憾。

一九六四年來到日本之後，我在日本居住已屆滿五十年。最近這十幾年間，我覺得日本人的道德好像眞的退廢了下來。儘管直到一九八〇年代結束並沒有特別感受到這件事，然而進入一九九〇年代之後，與泡沫崩壞時期大概同一個時間點開始，所謂的「日本人的道德退廢變得明顯了起來」的這項傳聞，對我來說也有了實感。一九九〇年代以前之所以有良好的感受，是因爲日本與外國之間存在著下列所舉的區別：

○日本是世界上第一名的人權保護國及人格尊重國

事實上，全世界兩百多個國家當中，能像日本這樣的人權保護國及人格尊重國並不存在。

○日本是世界上第一名的貫徹司法獨立的國家

然而事實上，世界兩百個國家中能像日本一樣貫徹司法獨立的國家也並不存在。

守法的精神是自古以來的日本精神的一環，因而是貴重的精神遺產，絕對不是明治國家時期以後才誕生的事物。例如在斯威恩頌（Edouard Suendson）的《江戶幕末滯在記》（長島要一譯，講談社學術文庫）裡有如此的記述：

「他們從不抱怨卻認可的唯一事物，從大君到大名，從乞食者到販夫走卒所共通的唯一事物，這個東西就是法律。」

不僅如此，一八五五年訪問下田的德意志人魯道夫．奧古斯特（Fr.August Lühdorf），在他的《葛蕾塔號日本通商記》（《グレタ號日本通商記》（*Acht Monate in Japan nach Abschluss des Vertrages von Kanagawa*），中村赳譯，雄松堂）裡如此地描述：「法律在無法比擬的程度上被細分，毫無例外沒有一分縫隙之差。不管是皇帝或者是微不足道的販夫走卒任誰都服從法的支配。在這個狀況下，法律極爲苛刻及嚴格。」

從日本人的遵法精神中所誕生的法治社會，並非從明治開國維新才開始，而是在江戶時代就已經持續完成的東西。

例如，中國人對國家不信賴、對司法也不信賴。這方面是因爲司法無法獨立，只不過是行政（政府）的下僕，以及爲了對付政敵所用的工具而已。也由於它是能夠受賄賂所左右的機構，國民無論任何人始終都知道這件事的緣故。

在日本，無論任何人都不懷疑司法的獨立。人格之尊重、人權之保障一直被當成是理所當然的事。再者，在給予國民更多的自由、更豐饒的生活環境及如此的可能性的方面，所做出的成果能高過日本的國家，果眞在世界上存在著嗎？

民主主義之原則，是行政、立法、司法三權獨立運作的三權分立。但是實際上，司法之獨立就連在歐米先進諸國那裡也不過只是屬於理想層次。我認爲，司法大抵上成爲政府下僕的事例很多。在殘酷的狀況下，成爲政府的打手及殺手的例子也有。從早先開始，在名實共存下實現三權分立的國家，當人們試著遠眺世界時，毋寧只有日本一國。這點是明治維新以來最大的成果之一，也是日本精彩的傳統文化之一環。對於惡官，正義的裁判必定會落在他們身上。水戶黃門、大岡越前、櫻吹雪中的遠山的金先生被日本人所愛戴的這件事，不正是由於日本人始終支持著公正且通情的裁判之緣故嗎？中國政府始終聲稱絕對不實施「三權分立」與「多黨制」（李鵬前總理也是其中一人），果真是因爲他們認爲普羅階級獨裁（人民專政）是人類最高和最優良的制度嗎？

以「人的生命比地球還重要」作爲思想的日本人，我覺得有很多。這樣的思考在世界中卻是相當特異的事例。日本人之外的民族把殉教、自由、愛、尊嚴、金錢等等，看成在價值上比生命還要更高的東西。

無論如何強調「人的生命比地球還重要」之類的話，任何人即便嘲笑卻不會否定的是：日本人的生命、人格、人權跟任何國家比起來一向被當成大事來看待的這項證據，我認爲它能稱得上是日本文化之一個環節的顯現。

二、安定安全的社會是日本最大的資源

藉著讓日本安全而形成安定社會的現況是有的，但將這件事本身視爲日本社會最大資源的人，在我看來卻出乎意料之外的少。這點或許是被所謂固有資源之既成概念所侷限的緣故。

關於資源，有有形的資源，也有無形的資源；也存在著主觀的資源和客觀的資源。如果有潛在的資源，便有顯在的資源。針對這點，在經營日常的經濟活動與生活之上所不可欠缺的能源和原料等等，作爲至今爲止的概念，主要被當作「資源」來看。但是，如果從經濟文化的觀點來看，在自然資源以外，由人所塑造的資本、技術和組織也是資源的一環。繼而，創造出這些資本和技術及組織的人才也是資源，所謂這些人才資源因此也得到了重視。因此，資源不單單是地理的概念，也是經濟概念的一環，且又是文化的概念。

創出資本和技術者是人，妥善運用它們的也是人。人製作東西，能否恰當地利用它們，則關係到其背後的社會系統。

例如，改革開放後的中國，強盜等等的凶惡犯罪橫行，社會不安擴大。由於根本上是除了自己以外不信任任何人的無互信社會，每一個個人不約束自己、恣意妄爲時，社會秩序便不被遵守。因爲這樣，搭乘巴士時，警察必須出動，並一一引導上下車的乘客，以維持秩序。好不容易上了車的話，卻遇上擁擠不堪，腳上互相踩踏時又是此起彼落的喧嘩叫嚷。巴士逐漸開動，駛離市區時恰好路過人煙稀少的地區，由於強盜隨機出沒，到處有所謂「打擊車匪路霸」的標語並立著。

有如在文化大革命時期，受毛澤東讚賞而被明示在標語中的模範士兵雷鋒，那位在巴士上空手與四人強盜集團格鬥救了女性乘客的解放軍士兵徐洪剛，也作爲模範人民而被讚賞，所謂「學習徐洪剛」的大型看板在全國羅列著。

從這樣的事情來看，在中國，只是乘坐巴士就是一件大事。是否不得不在某程度上消耗作爲國家資源的人力、物力以及精神的能源，實不可計量。

在日本社會，即便像新宿車站那樣單日上下車旅客數超過三百萬人次的地方，人潮依然有序而順暢地流動著。如果這種情況發生在中國，肯定會出現暴動和騷亂，人民解放軍和裝甲車不出動的話，秩序便無法維持。在湖南省衡陽車站，乘客爭先恐後奔向列車，而導致多人死亡。這件事即便在新聞中被報導，但類似的事卻是家常便飯。

此外，以水爲例，在日本無論走到哪裡都可飲用生水，在中國，若不經由煮沸則無法飲用。在把水煮沸這件事上，每日被消耗的能源以中國十三億人口來計算的話，其實是龐大的數字。中國今日貧窮落後的地區還殘存的原因之一，我覺得就在所謂的生水無法飲用的這件事上。

再者，女性在夜晚能一人安心步行的社會，在世界先進國中大概只有日本吧！這點是象徵日本治安良好的現象，也是日本文化珍貴遺產之一項。

因此，資源絕非僅是靜態的存在，而是動態的，往往是基於人的努力其利用價值便提高的東西，因而也是藉由相互爭奪和怠慢偷懶而持續萎縮的東西。

藉著日本那樣的安全而達到安定的社會，與所謂米國和俄國等超級大國那樣的多人種、多民族社會，以及像中國那樣相互敵視、相互妨害的人際間無信任的社會，在結構上完全不同。

日本的社會把能源的消耗控制在最小限度，在社會的結構培養出遵守法律和秩序的人群，能夠防止社會騷亂。於是，從日本傳統文化中所誕生的日本社會，就日本人來看是最大的資源，產生優秀的人才，能夠不斷上進。日本國的繁榮是可預見的。（請參考拙著《醜陋的中國人：日中比較編——中華思想與日本商法》，光文社）

但是，最近的日本發生安全神話徐徐崩壞下去的現象。青少年弒親和親族間的殺人等等，在社會上大量出現殺人犯罪。從接續不斷的政治家行爲不檢的醜聞開始，以及在年金問題上，象徵性的官僚和公務員的醜態、有名的企業所屬的食品之賞味期限被更改，直到有名的旅館和老字號百貨公司的食品和價目表標示不清，各式各樣的問題層出不窮。這點似乎象徵日本人之道德心的喪失。從這類的諸多社會現象來看，對日本滅亡的可能性抱持危機感，絕不是危言聳聽之事吧！

但是，當問及道德是什麼、善是什麼、惡是什麼時，其答案根據宗教和民族或所屬的集團而有不同。如果是文明人的話，所謂不可殺人、不可說謊、不可偷盜等等，作爲普遍的價值是共同抱持的價值觀。在戰後的日本，中小學校的道德教育實質上消失了，即便在家庭中，像昔日那樣喋喋不休的道德觀念，已經不再被教育。在生活中的道德的教導漸漸消失了。

所存在的是曾有的安全神話漸漸崩潰的日本，儘管如此，與外國相比的話還是在安全上令人安心的社會。這樣的社會在世界上幾乎不存在。近年，由於外出海外旅行的日本人變多了，日本以外的諸國社會不安定，小偷和飛車搶劫相當多，應該也是實際感受吧！

所謂最接近天國的國家——日本，其形象雖然近年漸漸在走下坡，但始終不變的是，作爲文明人，或作爲道德力的擁有國，過去的面貌並未完全消逝。

三、國民道德的崩壞

戰後與戰前日本社會的其中一項變化，或許正是國民道德的崩壞。例如，我認爲對於西部邁的《國民的道德》（扶桑社）的批判著作《徹底批判「國民的道德」》（大月書店），就是一個好的例子。

這本書是相對於西部的所謂「爲了祖國，抱持與敵決戰而死的覺悟，是國民之道德的要諦」之主張的反面論點。即便似乎以眞知灼見徹底批判了《國民的道德》，但基本上，即是不允許保衛祖國免受侵略，以及所謂的和平、對話等否定國家的主張。

這是成爲戰後日本社會思想主流的所謂「世界革命、人類解放、國家死滅」的世界主義烏托邦思想，尤其應該是從「馬克思主義的道德思想」那裡來的東西。原本在明治維新以前，有所謂的「東洋的道德」，也有士農工商之「四民」的身分秩序。存在著日本固有的傳統精神和儒教、佛教的學說。

但是，在構築近代國民國家的進程中，從西風東漸後的西洋文明之價值體系出發，若不將「四民」的身分秩序再編入近代國家中的話，近代化便無法達成。於此，必須制定大日本帝國憲法，將國民道德保存下來。

在江戶時代以來的傳統道德方面，有儒教的家族道德，四民的道德被視爲武士和商人的道德規定。例如，就連在擁有數千年傳統的中國，儒教道德也動搖了，五四運動時期有「打倒孔家店」，文革時期有「破四舊」和「批孔批林」運動的興起。

日本在維新初期，有如穗積八束所謂的「民法出而忠孝亡」之名言所示，迎來傳統倫理崩解之危機。在日本近代倫理之考察方面，主要是由福澤諭吉、大西祝等人所形成的觀點，井上哲次郎的《國民道德論》之登場則是劃時代的大事。

能夠以道德教育之象徵而言之者，是明治天皇所頒布的《教育敕語》。我在台灣的小學一年級時雖然迎來了終戰，但到今天還能背誦。在大阪城天守閣前，有《教育敕語》的碑文，我在大阪城爲從台灣來觀光的年長者做導覽時，這位長輩見到此碑便流暢地唱誦著，從記憶中湧出的故事，就像花朵般一一地綻放開來。

四、對道德問題的思考

然而，究竟「道德」是什麼呢？「道德的」該如何描述呢？日本人的道德以及現代日本人所應該持有的道德是什麼呢？這些應該是戰後的日本人所應該眞摯面對的問題。

這方面，從一般的道德意識以至於道德感情、道德判斷、道德行爲，再者，從品行、人格以迄於習慣、文化傳統、法規範、道德哲學等，都必須加以檢討。簡單描述道德的話，即個人道德、家族道德、社會道德、國家道德、國際道德等等。從個人的教養品格開始到所謂的國際道德爲止都是。

對於善惡正邪的定義，連賢人和哲人對此也各自有不同的主張。基於時代、民族、個人或集團之不同而有所不同。特別是在多元的價值觀被允許的民主主義社會中，會造成進一步的混亂也是當然之事。

五、被探討的倫理道德

倫理與道德是有各自不同的概念規定的有別之物。習慣上，被概括地稱爲「倫理道德」的這點是相當平常的。

然而，如果要說倫理道德具體上是什麼的話，作爲倫理道德的最高價值，「眞善美」經常被示例。眞、善、美等價值之外，也有所謂「聖」和「利」的價值。有此一說，即西洋人以眞、日本人以美、中國人以善、印度人以聖、近代資本主義以利爲最高價值而把握之。也有所謂最高價值是善的想法，其他的價值全都以善爲中心而互相關連及蘊涵。

以什麼作爲最高的價值這點，依地域和時代、在民族的歷史中，不停地改變著面貌。例如，以眞爲最高價值的話，則有以基督、阿拉、釋迦牟尼爲絕對眞理之化身的價值觀。也存在著對毛澤東「一言一句」之所言即爲「眞理」的這件事不加以懷疑的文革那樣的時代。

雖然要定義「美」是什麼相當難，然而，傾心於美的音樂、藝術作品、文字作品，驚嘆於美的景色，受美的靈魂所吸引等等，把對美的共感視爲超越一切的最高價值的事例也相當多。

「聖」的價值是宗教心和信仰心等等從宗教的思考而來的東西，人類從古代開始跟從所謂宇宙和天地、神與佛等超越的存在，追求即便殉教也不退怯的崇高價值。

儒教精神重義而不求利，總之，以重義輕利爲信條。立於其之反對位置上的功利主義是近代資本主義的價值觀之一環。就資本主義的價值觀來說，與利無關連的善，不是眞正的義。

結果，所謂眞、善、美、聖、利等根本價值，全是以最高善爲中心而存在的東西，是被統合在所謂善的根本價值之中嗎？對於這個問題，我在此不做議論，只試著探究我們日常所思考的價值是什麼。

以中國爲例，「財子壽」（富貴、多子多孫、長壽之事）可說是最高的價值。從人類全體來看，在這些以外，也存在著健康、地位、名譽、自由、安全、安心、安定、希望等等吧！下層的人追求平等，此外，隨著欲望，則追求「榮華富貴」。

倫理道德不維護下去的話，人類便返回自然的鬥爭法則裡去。此處，德便被視爲必要。例如，中國自古以來，有仁、義、禮、智、信之說的「五常」，父子之親、君臣之義、夫婦之別、長幼之序、朋友之信的五倫之德等等的存在。在這些以外，也必須有節制、勇氣、深慮和感謝之德。

自古以來，種種的宗教根據其學說和修行而求道、成德、訂定倫理道德和戒律而規範社會。儒教思想的五常和五倫、摩西的十戒、釋迦牟尼的佛法等都是。如果有「以眼還眼，以牙還牙」的想法，便有所謂「愛你的敵人」、「救濟眾生」等觀點；如果有「己所欲施於人」，便有「己所不欲勿施於人」；如果有「施仁義慈悲」，便有像老子那樣的「絕仁棄義」之主張。

自古以來，人類的倫理道德之根源有三處，此爲德、恩及善。人間的德也有所謂的利得之得（御利益）的思想，以節制、勇敢、寬大、慈愛爲德目，所謂人們回報從自然那裡所獲得的德的報德報恩之思想因而產生。

佛教有所謂天地自然之恩、國王之恩、祖先之恩、眾生和社會之恩的四恩思想，這相當於基督宗教的「恩寵」。二宮尊德的「報德」之思想也於焉而生。

在倫理道德方面，不僅人品、品格等等每個人的自我實現、自發性、自律性被要求，為了與他人共存，或者是人類持續的發展，為了維持安全保障，他律性也是必要的。尤其社會越來越成熟，或者個人主義被肯認的近代社會越來越明顯時，「法」便成為必要的東西。

是否有人類的普遍之倫理呢？特別是以國家為單位的現代社會，從個人倫理、家族倫理，到社會倫理、國民倫理以及其他，例如環境和資源、人口等成為人類共有課題的環境倫理等等也被探討，其應該會成為迎接未來時的一項課題。

六、再問道德是什麼

柏拉圖在獄中拜訪以「否定國家的諸神，思想毒害青年」而被執行判決的老師蘇格拉底。雖然他以「若因『不當的死刑』而死，如何是『不名譽』的事」試著勸說其越獄，但蘇格拉底拒絕這個勸說，吞下毒藥而在獄中死去。這是在蘇格拉底和柏拉圖的對話中所呈現的古希臘有名的故事。

所謂「人應該如何活著呢？」之命題，雖然是古來「倫理學」的一項課題，然而重要的事情，不單單是活著這件事，而是如何「好好地活著」。此爲蘇格拉底對其高足柏拉圖講述的事。

好好地活、漂亮地活、爲榮譽而活。此爲古來所謂君子們所追求的生死觀，同時也是幸福觀。古希臘的「倫理學」中，始終追求這種幸福。好好地活著這件事，即是所謂如何正確地活著，也是美好地生活著的這件事。

但是，對人們來說，關於幸福是什麼的解釋，有各式各樣的可能性。在古代，亞里斯多德已經確認過這件事。家畜有家畜的幸福，奴隸也有奴隸的幸福。也有所謂「最大多數的最大幸福」之功利主義的主張。

作爲從古代而來的倫理道德的價值，有各式各樣的價值被追求。大致上做區分的話，可被分類成所謂的眞僞、善惡、美醜三項。誠然，這涉及評價的問題。雖然能夠做出所謂的更美、更善等評價，但所謂更眞實的東西，在評價上則是困難的。

美醜不單只是美學的問題，也與倫理的問題有關。眞僞和正確性也不只是科學和認識論的問題。尤其似乎與人的行爲有所關連。關於「良善」，有各式各樣的意義被包含在裡面。利害、優劣、正邪等問題都被包含在內。

人的世界無法單靠一人而活。若不與他人共存則無法生存。因此本質上道德是必要的。人所能享受的資源並非無限。於此，爲了共生的緣故，節制是必要的。即便認可了性善說，但所謂的人性也絕非完美的。人不是神，全知全能之事不屬於人。此外，知識也是有限的，資訊也不完全，多數的人都明白存在著不可知的東西。因此，爲了與他者共生，倫理道德無論如何都是必要的。

七、要求道德教育之復活的聲浪

近年來，主張《教育敕語》的復活和道德教育的必要性的聲音，經常可以聽到，這絕對不是毫無理由的。所謂學校教育的荒廢、青少年犯罪和凶惡犯罪劇增的問題，已變成稀鬆平常的事。原因就在於此。此外，也產生家庭崩壞的危機。分析的結果，是由於與無判斷能力的未成年者有關的教養和禮儀等等的家庭教育被草率行之，無法形成能夠與社會調和的自我的緣故。

戰前的道德觀崩壞之後，在戰後，各式各樣的道德觀走入迷途，且互相對立。共通的道德觀始終未能確立的社會環境其存在的這件事，我認爲也是原因。這點，不限於日本，也是世界的傾向。

再者，相對於要求道德教育之復活的聲浪，便有著與「朝戰前全體主義的逆行」聯想在一起的聲音。存在著所謂傳統價值崩壞的社會背景，這件事是事實。但是，道德教育之復活，並不是應該被一概否定的事。

在個人主義和自由主義被肯認的現代社會，人們相互往來而共生，以營造共同生活，這點被進一步地要求。在互相讓欲望滿足的方面，遵守一定的規則成為最為必要的事。

不存在萬古不易的法則。但是這絕不能成為全盤捨棄既成道德的良好理由。近代以來，個人的自由、人權、人格受到尊重，並且產生連私領域的保護也被認可的社會。一方面從傳統的集體社會脫離出來，原本在小型社會中被確立的規範被擴大到民族、國家單位，往民族國家間的競爭或共存方向的思考愈益重要。因此，國家道德也應該被完全否定的這件事應該不會有。

日本開國維新後，在國民國家被建立的過程中，自古以來以及始於江戶時代的傳統道德，依然不變地作為國民之道德而被繼承下來，這點也是事實。因此，東洋的道德被倡議，「和魂洋才」被強力地主張。實際上，即便成為近代的國家，傳統道德也如其所是地被留存，《教育敕語》和二宮尊德的銅像皆作爲道德教育的象徵而被設立在小學校門口。

繼而，這點不限於發生在資本主義國家的近代化過程中，即便在社會主義國家也是如此。就算是在社會主義革命上成功的蘇聯，中世以來俄羅斯社會的傳統集體意識，也原原本本地被轉化成無產階級的階級意識。

中國也是如此。有如文革那樣的「破四舊」運動興起，最後雖然試圖徹底地破壞從傳統的風俗開始以至於文化的東西，然而，階級道德的確立這件事卻無法達成。

即便在黨大會時決議要創造出社會主義的新文明，但卻什麼也無法被創造出來。自古以來的傳統價值觀和意識依然不變。社會主義的人群相較於資本主義的人群，在道德上更爲優良的這點無法被認可。

八、現代的倫理和宗教

從近代往現代的過程中，社會逐步地朝世俗化邁進。

今天，除了基本教義派、宣教師和僧侶以外，大眾之間對宗教的信仰心漸漸淡薄是世界的潮流。這也被稱爲「世俗化」現象。

在日本和中國那樣的東洋的多神教社會中，原本宗教心就不算太強。尤其在中國，從古代的春秋戰國時代開始，世俗化已經在進行中，替代了宗教的儒教之倫理道德作爲規範日常生活的力量而抬頭。

在十字軍遠征的時代，西歐以及中亞、西亞的宗教心相當強。但是，當西歐的文藝復興開始而宗教改革興起之後，若借用實存主義者的用語來說，「神被殺，或者被驅逐」便成爲結果，而伴隨著世俗化之進展的同時，近代化也就被推進了。

雖然這麼說，但絕不是宗教倫理全部都被捨棄。有如德國的社會學者馬克斯・韋伯曾經做過的分析那樣，也存在著「近代資本主義的發達是新教精神的產物」這樣的見解。但是，宗教改革後，人間的禁欲精神被解放，對合理主義和個人主義的肯定被實現，所謂功利主義、實存主義、實用主義以及社會主義的近代思想替代宗教倫理而抬頭，這也成爲動搖至此爲止的倫理道德觀的一項原因。

的確，根據一定的社會倫理而讓社會秩序得到維持，在這點上，宗教力之影響力有其效用。但是，由於宗教信仰的世俗化、近代化，傳統的倫理觀也確實在變化中。

九、是否存在無宗教的道德

「無宗教便無道德」。這曾被俄國的文豪杜思妥也夫斯基一語道破。中國人雖然是宗教心極度薄弱的，或者是完全沒有宗教心的世俗化民族，但卻抱持儒教的倫理觀。儒教果眞能被稱爲宗教嗎？「教」字雖然被附加到詞尾，但這單單只是作爲倫理思想而被解釋的事例也相當多。

成爲儒教觀念根基的是《論語》。其倡導者孔子，如果就宗教而言，或許堪當教主之位。但是，雖然主張五常、五倫那樣的德目，其卻不是戒律。基本上只不過是原則，而其定義（即概念規定）卻相當地難。原則之定義抽象而難解，是不是由於所謂儒教思想的宗教色彩較薄弱的緣故呢？

相較於儒教，在中國最像宗教者，非道教莫屬。在道教裡，成爲道教之根本的是道家思想。存在著對於其教理之開基始祖老子和天帝的信仰。其中也有《道德經》。比起佛教有較多的戒律。

但是，道教不會喋喋不休地歌頌儒教般的「仁義禮智信」。不僅如此，老莊思想毋寧還主張「絕仁棄義」。道教中，有相稱於僧侶的道士，雖然也有善男信女，但比起談論「仁義道德」，卻在於追求個人的益處、成仙、不老長壽等，與作爲佛教學說的自利利他之心完全無緣，社會的觀念和公德心的主張近於零。

十八世紀的德國哲學者康德（Immanuel Kant），在人的理性所關心的面向上，指出關連到「能夠知道什麼」、「應當成爲什麼」、「允許期待什麼」、「人是什麼」的四個問題。康德在第二項設問上以「當爲」問題來定位，此即倫理和道德的問題。

我們在社會生活中所必須遵守的規則和基準，被稱爲社會規範。老子和孔子將此稱爲「道」。但是，老子所說的「道」不是「當爲」，而是「無爲」。孔子把它當成人倫，倡導五倫、五常，並將之視爲人之道，或者是道義。

被規定爲社會規範的東西，不僅僅是道德，習俗、法律、宗教也包含在內。儒教道德單單只是「當爲」和「倫理」，並沒有伊斯蘭教徒、印度教徒，或者猶太教徒遵守戒律那樣的嚴格性。

即便論及相同的道，卻有人們可隨意採決的、像儒家那樣的道，以及讓萬物成爲萬物、作爲根源之存在的道家之道。

十、法與道德的關係

對於法與道德的關係，有兩種完全相異的見解。例如，「法實證主義者」（Legalist）有所謂「法與道德必須嚴格地被區分開來」的主張。相對於此，自然法論者主張法與道德不能分割。自然法論者指出，如果侷限在法的道德中立性上的話，會轉成在倫理上無責任的態度。

以所謂「惡法亦法」之說而聞名的「惡法論」，是從蘇格拉底以來一直被議論的課題。例如，也存在著像「在良心上拒絕兵役」那樣，「以道德和良心之名拒絕法律」的人。

再者，安樂死和臟器移植等等，也作爲法學和倫理的問題，在現前持續被議論著。這方面是所謂的「法與德的區別基準究竟應該如何定位？」、「道德的法律化有可能嗎？」圍繞著法的道德化之是非判斷的議論。

若僅實際地見諸歷史的話，到了近代法的階段，法與道德明確地分離，與道德無關而被確立在獨自的存在領域中。相對於道德是基於人的良心的東西，法則是以服從各種社會的要求爲原則的存在。

在道德的義務上，不單只是行爲被賦予義務而已，還包括有什麼樣的動機和意圖存在於此行爲被賦予義務時的背景之上。另一方面，對於法之義務只問行爲本身，而與動機和意圖無關。

十一、法治與德治的社會

規範人的社會生活的是法，還是德？據此，法治社會和人治社會被區分開來。由於人治社會在原則和理論上是以道德爲根據的政治，因此也是德治的社會。相對於近代的歐米日是典型的法治社會之實現，中國則是典型的人治社會。

中國早在春秋戰國時代，法家和儒家的思想對立便走向激烈化，存在所謂以德或以法的論爭。其中有代表性的、以法爲基礎的政治主張，是所謂的法家思想，而主張德，亦即仁義道德的，是儒家思想。

秦始皇統一中國之後，斷行以法爲本的政治，展開以「焚書坑儒」爲始的、對儒教徒的壓制。儒教思想獲得國教的地位，是從這裡起算約百年後的漢武帝以後的事了。但實質上，此措施卻被稱爲「陽儒陰法」、「外儒內法」。雖以「道德國家」爲門面，然而，其作爲立法國家，若不將法的秩序維持下去的話，便無法讓天下得治。雖然法與道德的一致是理想，但在現實的世界中，此事卻不能求而得之。因此，兩者的衝突廣泛且經常反覆不斷地發生。

德治的思想是讓承受天命的有德者成爲天子、統率天下萬民的政治主張。作爲天子的有德者讓萬民以其爲根基，並且對之進行王化（即教化、臣從）、德化，此爲德治思想的前提。但是，以德爲根據的萬民之德化，事實上是不可能的事。如果政治不以法或刑罰爲根據的話，只憑藉德就讓天下得治的這件事根本不可能。雖然如此，就像所謂「朕即法律」那樣，君主卻是超法律的存在。即便到了今日，中國的國家領導者還是超越法規的存在者。在治國這件事上，若不獨佔權力和權威的話，便會變得困難。光靠德，天下無法得治的這件事，早已在歷史中被證明了。

即便如此，在社會上，道德是屬於個人的、團體的東西，所謂完全牢固地、鉅細靡遺地被統一或被一致化這樣的事並不可得。有多種多樣的道德存在，道德與法的衝突也源源不絕。

例如，即便墮胎在道德上被許可，但也有在法律上不被允許的例子。在天主教國家，墮胎便不被允許。但是，未成年者的墮胎是否應該被允許，則依不同國家的法律而有所不同。在男尊女卑的中國，從過去以來，殺女嬰這件事在道德上被允許。極端的故事是「食人」也被允許，以忠孝爲大義名分的「食人」之舉，的確反而受到獎勵。五代十國時代的後梁武帝，召見爲了孝而食人的「孝子」（在新、舊《唐書》以後的官定「正史」中，有約百餘例的食人孝子和義女），並獎賞之。

然而，爲了孝而食人，終究應該受到獎勵嗎？對於這點，清朝有名的君主雍正皇帝和禮部尚書（即文部大臣）之間有過激烈的交互辯論。

雖然如此，在所謂「惡法亦法」的基礎上，倫理道德必須從屬於法律的事例應該也相當多。尤其在以自由、民主爲目標的社會中，社會全體變得多樣化，道德觀從個人到團體也變得多樣化。因此，道德和法的一致性被進一步地要求。

十二、道德退廢的最大原因是戰後的進步思想

日本接受了儒學思想，而後建立了獨自的儒學思想，對此已如前述。然而，對日本的儒學本身抱持疑問的人也相當多。

其中代表的歷史學者津田左右吉有如下文字：

「基本上，儒學日本化的事實不存在，儒教無論到哪裡還是儒教，就是支那思想，是文學上的知識，未進入到日本人的生活中的東西。因此，如果認爲日本人和支那人基於儒教而接受共通的教養，構作出共通的思想的話，則是完全的迷妄。」（《支那思想與日本》，岩波書店）

本居宣長若試圖讀解古代經典，那麼他所想到的首先必須是漢意（中華思想、漢學）的排除，臨近大和心的神髓。這點由於承襲了宣長之師賀茂眞淵的思想，眞淵強調「潔淨漢心，而探訪誠之意」，提倡所謂「由古言得古意」的國學。其弟子從《萬葉集》和《源氏物語》中發掘古代言語，而發現了大和魂。

從九〇年代的泡沫破裂開始，日本的凶惡犯罪增加了。感嘆這是由道德退廢而來的結果的人不少，主張道德教育之必要性的論調又再度燃起。戰後道德教育的廢止對道德的退廢影響相當大，講這種話的人也相當多吧！

戰後的日本人相較於戰前持續變得不德，這是確實的事。不問老幼男女，由於漠然相待，在世間中看不到正義感、責任感、道德心。這是我的實感。從日本人被稱爲經濟動物的六〇年代起，便有這項徵兆。在我定居日本的半個世紀之間，其走上年年惡化一途。隨之，來自道學者們的批判之聲也高昂起來。進入七〇年代之後，道義沉淪的世相、世態繼而變得醒目。從感嘆近來世態的戰前世代的人那裡，經常聽到如下的話：

「在冷淡中，變成了輕薄的世界。徒然催逼出欲望的淺薄訊息正氾濫著，無責任的言行常態性地來來去去。這是被誇張、煽動和欺瞞所淹沒的亂世。」

「國民道德沉淪，又有被外國罵成經濟動物之類的各種狀況，珍惜榮譽的日本民族之最大恥辱莫過於此。」

「來到了習慣奢侈、競逐華美的輕薄之世。質樸實在的風氣伏臥在地，剛健之氣化爲微塵。」

「父母殺害子女，子女傷害父母兄弟之事屢見不鮮。只知道考慮自身的利害，對妨害他人之類的事毫無所悉。」

「所謂禮儀之邦的昔日面貌不再，被冠上所謂經濟動物之類的污名。作爲日本人，沒有比這更嚴重的恥辱了。無顏面對先祖。」

果眞成爲被終末史觀和末法思想所覆蓋的世界了。

其中，也包括告訴我說不希望活過今年的年長者。其理由，根據所述，是因爲在國定假日想要懸掛日之丸國旗時，與孫子發生爭執。似乎孫子大聲地責罵說：「阿公！不要啦！那個不是被鮮血染成的侵略象徵嗎？」他嘆息說，這輩子已經結束了。

大概就是如此吧！自古禮儀滿全的日本人成爲無責任、無作爲的族群，以和爲貴的大和民族對自己人互相凌遲，日本列島正轉變爲私利私欲中的萬人鬥爭之修羅場。日本人已經變了。

不！猶太人拉比M．托克雅說：「日本人已死。沒辦法，日本人擅長的哲學復活不起來。」

然而，爲什麼說「日本人已死」呢？這點，大致上是由於在戰前的國民主義被取代下，戰後市民主義及和平主義抬頭，過去的美德被捨棄了的緣故。

誠然，其理由非常多元，絕非只有單一的理由。但是，其原因之一，即是所謂的戰後標榜民主主義之自由、平等、博愛的進步思想。不在乎所謂的虛妄和欺騙的社會主義意識形態若傳播開來，應該是粉碎傳統美德的最大要因吧！

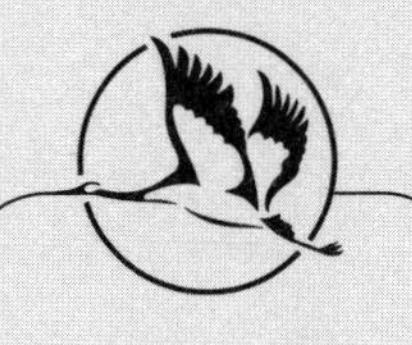

第二章 日本的道德退廢了的理由

一、日本社會急速劣化下來

日本社會的人性劣化，特別是進入一九九〇年代之後，其深刻性不斷地增加。青少年的凶惡犯罪、父母弒子等事例增加，官僚和政治家、深受國民信賴的警察，以至於以主持正義爲原則的法律人，持續發生醜聞。

日本的凋落，與其說是經濟，不如應該就道德面上來說才是吧！

民主主義以價值的相對性和多樣化爲前提。這是爲了守護個人自由，同時，也成爲對價值觀的普遍性和絕對主義的價值觀的否定。在容許價值觀之多樣化的社會中，新的事物經常受到褒揚，傳統的價值和以往守護社會使其持存的傳統的美德，其身影變得稀微。這個結果，或者社會混亂的引起，不得不淪爲無政府的社會。自由漫無邊際地被認可，在富涵變化的社會上，與此相應的新的規範如果未產生出來的話，道德的低下和退廢便無法被阻止。

經過高度經濟成長期之後，消費取代儉約被視爲美德。奢侈固然成爲好的象徵，今天，連虛榮心被肯定之例也時有所聞。勤勉曾經是每個國民的驕傲，今天，卻驕矜於縱情、享樂。

誠然，個人的價值觀與社會的價值觀有別，某種程度上應該被允許才對。這點本身是自由民主主義的本質和原理。但是，即便是社會的價值觀，如果看起來也在自由的名下搖搖欲墜的話，那麼社會混亂、荒廢之事在所難免。這正是今天的日本。戰後日本的民主主義教育，由於欠缺以形塑這個社會的價值觀爲目的的教育，而招致今日的社會混亂。

對神或自然的畏怖之心支持著社會的道德，也是培養人間的道德心的所在。如果畏怖之心消失的話，道德便衰敗下來。以往的日本人，一開始對自然抱持敬畏，而後變成了對神的敬畏，以至於延伸爲對世間之人或他人的敬畏。敬畏即忌憚的意識。這會培育出能正視自己以外的事物之價值的意識。

此外，由於科學技術的發達，在對自然之威猛的敬畏和所謂鬼神的作祟之事方面，則視其爲蒙昧之事而斥退之，所謂征服自然之事的傲慢隨之而起。如果失去敬畏之舉的話，人變得驕張，徒然淪落爲不思權威爲何的無知之人。如果曾經失去了所謂的寶物之德的話，便不會忘記取回它必須付出相當多的努力。

然而，爲了要取回作爲財產的所謂的逝去之德，要有什麼樣的手段呢？如果談到道德教育，假使直接從事戰前的歷史、道德教育的話，便有可能被貼上「反動教育」的標籤。光憑持守舊有道德，無法被斷稱能產生效用。

倫理道德絕非普遍的事物。它是會隨著時代和環境而變化，而非不變的東西。對於在近年所發生的凶惡事件和醜聞中所見到的道德之退廢，不應該只從傳統的美德被捨棄一事來探究其原因。應該思考的是尚未能找到可以對應於時代變化的價值基準的這件事。這點正是在現在的日本社會所見到的日本人的心或精神性所反映出來的樣貌。

二、之於現代的倫理之條件

自古傳承下來的傳統的倫理和道德觀，若在現代社會仍作爲道德規範的話，那麼其機能則正在喪失中。無論在資本主義社會或社會主義社會；在先進國或在後進國，它們的確都是變化中的事物。

暫且不論完全未受近代化的潮流所波及的、封閉的桃花源，對於西藏、衣索比亞高原或太平洋的諸島、非洲和南米的叢林，甚至連伊斯蘭社會等等宗教心強烈的集團來說，抗拒全球化的潮流是困難的事情。

然而，在被近代思想的主流所持續呑沒之際，無法強烈抵抗的究竟是什麼樣的事情呢？若順此思路而試著列舉的話，則至少有以下的事項：

（1）存在著以自由爲核心的倫理。權利與義務被論說，人權、人格的尊嚴被講述，也包含著自律作爲新的價値被尊重的潮流。

（2）存在著以平等爲核心的倫理。在既存於往昔的佛教之眾生思想中，在出自中國的太平道而迄於太平天國時代的反亂思想或伊斯蘭教的思想中，平等作爲「正義」而被思考。自由或平等，成爲自由主義社會和共產主義社會最大的對立軸之一。柏拉圖已於西元前四世紀時談論「能力主義」，而非「男女平等」，這點或許是正解。對於平等的倫理，雖然根據社會主義社會的崩壞能夠見其是否已經退潮，然而日本最近以來，格差社會的是非對錯被討論時，平等作爲倫理的核心，似乎鮮明地被留存了下來。誠然，對著世界上最無格差的日本社會以「有格差！有格差！」來高聲叫囂者，也可以說是無法取信任何人的那些病懨懨的左翼文化人之最後的掙扎。

（3）存在著以功利性爲核心的倫理。相較於利，更重視義的這點不只是中國的儒教思想。然而在日本，進入近代之後，卻轉變成有如「沒有伴隨著利的義不是眞正的義」的說法那樣。這點不正是西歐的功利主義思想和米國的實用主義的影響嗎？尤其在資本主義社會，對功利倫理的否定是成立不了的，不是嗎？

（4）存在著以契約爲核心的倫理。這不只是從國家契約說而來的東西。作爲近代的法治社會，其根據契約的倫理而受到強力的支持。

戰後的日本人，其人間觀確實改變了，道德觀也變了。或者，也可說正在被動搖中。過去，日本人曾經捨棄性命，想從國家和民族的危機中保衛國家。爲其所屬的種種價値觀已經大大地改變了。這方面，在最小的、作爲全體的基礎團體或家庭中，親子關係斷絕之事的不斷產生便是其如實的表現。

三、倫理道德觀的變化

倫理道德不只是因民族而不同，因時代也有差異。就像是有西洋的倫理道德那樣，也會有東洋的倫理道德。無論日本或中國，雖然都受到儒教和佛教思想的影響，尤其是倫理思想的影響，然而，其倫理道德觀絕非同一之物。古代的道德、中世的道德、近代的道德，因著各個不同的時代而變化是可以被理解的。

日本亦然。如果拿戰前與戰後做比較，道德意識有巨大的變化。也有就悲鳴下的激變來討論的狀況。戰前的道德意識不斷失去的近來，所謂的家庭崩壞、教育崩壞成爲熱門話題。所謂該讓以前的道德教育和《教育敕語》復活的主張，應該是由這個時代所面臨的道德崩壞的危機感而來的結果吧！

進一步，倫理道德的觀念即便在同一個國家、同一個民族中，因著各式各樣的社會集團而有相當大的差異。在這點上，最徹底地被表現、被知悉者爲宗教的集團。各式各樣的教團更是持有各式各樣的倫理道德觀。例如，在邪教集團中，有各式各樣的教團之宇宙觀、人間觀，持有與一般市民不同的倫理觀。在黑道的世界中，有黑道的仁義；扒竊集團也有屬於他們的仁義。所謂「盜人也有三分理」，其持有甚於一般市民的強力凝結之小集團的倫理道德觀。

對於所謂「仁義」是什麼的提問，連提倡仁義的孔子也掌握不到概念規定。數千年來，不僅是中國的知識分子，日本的文人也孜孜不倦地研究「仁」、「義」。雖然進行了種種論爭，對於所謂「仁義是什麼」的問題，無論大思想家或大哲學者也都似懂非懂。

對於仁義，我覺得莊子引起相當尖銳的刺痛感。莊子講述關於名爲盜跖的大盜的故事。在這個故事中，盜跖對於來自徒眾的「盜賊也有道德嗎？」的質問，其回答的場面如下：

「沒有道德的社會，不存在於任何地方！若說到盜賊的社會，覬覦別人家中的財寶，是聖；率先闖入目標地點，是勇；在後方壓陣而離開，是義；考量計畫可行與否，是智；公平地分配贓物，是仁。不具備此五項道德而能成爲大盜，這樣的人從未存在過。」[1]

三分理在何處呢？其根據即是所謂的：盜人若也修德，聖化的盜人未嘗不可得。

由於因著民族和時代，倫理道德觀會改變，在這個世界上追求「普遍的道德」應該是相當困難的。這點，是因爲不只是在伊斯蘭教徒和基督宗教徒之間，也在社會主義國家和資本主義國家之間，其倫理道德觀不同的緣故。例如，馬克思主義的階級道德，雖然成爲二十世紀共產主義革命家的意識形態或革命道德，在日本社會，卻不會成爲主流的倫理。既不是自由，也不是平等，而是所謂的要自由或要平等這點，恐怕才成爲二十世紀最大的意識形態對立之論題。然而，要超越所謂民主和人權的價值觀，若光靠無產階級獨裁和生存權來對抗的話，絕對不是有效的武器了。

四、關於戰爭與和平之史說和史觀的對立

關於戰後日本的道德退廢的原因之一，是因爲戰爭觀在戰前與戰後產生大轉變，加之由於分裂和對立，歷史觀也混亂起來，不是這樣嗎？

與戰爭成爲相對概念的「和平」，關於它的概念也是如此。例如，如同金科玉律般擁護和平憲法的集團始終存在的同時，也有以一國之內的和平主義、空想的和平主義、念佛的和平主義或奴隸的和平主義來戳破它的人存在。「戰爭與和平」的概念在現在的混亂下，爲其下定義相當困難。

所謂的「不得殺人」是人作爲文明人的道德觀之一。但是，殺惡人和罪人不行嗎？遭受侵略時，保衛集團的生命和財產不行嗎？戰爭果眞是惡嗎？這樣的提問也相當多。被侵略的話，相較於迎戰，所謂舉手投降的奴隸和平主義者，於戰後的日本學者和青年中佔了不少。而他們卻把這點當成是驕傲。當然，也有完全反對這點、決意奮起而戰的

1 原文《莊子・外篇・胠篋第十》：「何適而無有道邪？夫妄意室中之藏，聖也；入先，勇也；出後，義也；知可否，知也；分均，仁也。五者不備而能成大盜者，天下未之有也。」

人存在。

於此，把戰爭當作惡的想法如果成爲話題的話，那麼，作爲二十世紀主流思想的社會主義革命思想絕不會如此設想。列寧把戰爭分成「正義的戰爭」和「不義的戰爭」，將「解放戰爭」看成是「正義的戰爭」，可以說就是義戰。

即便孟子以「春秋無義戰」一語道破，阿拉伯的伊斯蘭基本教義派將其與歐米基督宗教徒的戰爭理解爲「吉哈特」（聖戰）。有如這般大義對正義的戰爭遠從十字軍東征的時代開始就一直延續著。這就是戰爭。

戰後日本的戰爭觀與戰前相較，雖然完全逆轉，然而，也不能說戰後的戰爭觀就有所統一。這樣的戰爭也關連著歷史認識，亦即，即便「自虐史觀」成爲一定時期戰爭史觀的主流，但絕對不可能支配所有日本人的戰爭觀。

戰爭觀和受其影響的歷史觀，以及因著教育環境和大眾媒體而有的特定概念，雖然受灌輸而來，但是對所有日本人朝「全體主義」的戰爭觀或歷史觀的方向洗腦，實際上也不可能。

隨著進入民主主義的時代，多樣化的價值觀被容許，道德觀的多樣化也不可避免。因此，從所謂「不能殺人」之論開始，直到「戰爭與和平」爲止的價值觀、歷史觀的差異和對立便被催生出來，在傳統的價值觀上引起崩壞和混亂，而招致道德的退廢。

五、道德論對立之由來

對於儒家道德的評價，我認為從江戶時代開始到今天為止，在哲學與倫理學者及年長者之間也相當高。然而，在我接觸儒家道德論的時候，心裡卻浮現相當程度的違和感。

日本朱子學的最盛期，恐怕是江戶時代的初頭，也就是應該從朱子學國教化後開始的吧！為了政權的安定，以儒教為機軸的體制化任務是必要的。中國的歷史也有這樣的故事。

在朱子學跋扈的江戶時代，滔滔不絕地談論道德，將中國禮讚成「聖人之國」、「道德之國」。與其相反，在談論上無法停止的，則是日本一開始就不是仁義禮智信的國家，也就是無道（德）之國。

例如，儒者荻生徂徠在其《太平策》中說：「所謂我國之道等等的東西，實為什麼也沒有，根本無須明論。」直接面向這個徂徠之論而提出反論者，是本居宣長。

算不上談論的談論何其多！宣長在其《直毗靈》中，直視中國的歷史現實，而駁倒了徂徠之論。

「漢國的歷史狀況，淨是混亂和跋扈不是嗎？」

「相對於它，皇國毋寧在平安中穩定地自我管理。」

宣長的反論確實植基於史實上，單單的一擊就讓人稱快。

老子從古代以來也就已經這樣指出了。

「漢國之屬由於道貧，卻反而特意談論所謂的道之事物」，宣長以「皇國事實上由於有道，便沒有道之類的言語，雖然沒有言語，道卻著實存在著」像老子一樣地提出反論。

若藉宣長來反思，「仁義道德」是自縛生命之頑固態度下的偏理狹論，可說其背後隱藏著自我中心的權力意志。

六、從義與利對立的儒家思想而來的義即利的功利主義

義與利是必然對立、無法兩立的倫理思想。作爲思考，其從孔子的時代開始落實。

尤其，就孟子是頑固至極的義之主張者來說，孔子經常「仁」不離口；孟子毋寧反覆不斷地強調「義」，或「仁義」。

孟子的〈見梁惠王篇〉相當有名。孟子謁見梁惠王時，在推銷儒家道德之際，惠王開口第一句話以「先生來到我國，是爲了教導什麼是有利的東西嗎？」[2]探尋來意，孟子也傲岸不遜地以「只有義而已」[3]制服惠王。在我高校時代，由於被強迫背誦《孟子》，其便成爲記憶深刻的名句。

「義」在正邪的邏輯中，是意味著「正」的理所當然的規範。與其相反，在正邪的邏輯上，利是意味著「邪」的非道德行爲。在完全無法兩立的對立的概念上，孔子說：「君子喻於義；小人喻於利。」

作爲君子，應該尊崇義，捨棄個人的利益、欲念，斷絕執著，改變惡習，守護社會全體的利益、正義之謂者，爲儒家的主張。不應該只考慮單個人的私利。

2 原文《孟子．梁惠王章句上》：「孟子見梁惠王。王曰：『叟！不遠千里而來，亦將有以利吾國乎？』」

3 原文《孟子．梁惠王章句上》：「孟子對曰：『王何必曰利？亦有仁義而已矣！』……」

作爲君子，與小人有別而對義加以守護。因此，而受到尊敬。從儒家思想來看，義爲公，利爲私。

但是，在中國的戰國時代，楊子的利己主義和墨子的「兼愛」（博愛）主義風靡一世，其被稱爲「非楊即墨」的時代。

墨子主張兼愛交利，天下紛亂，所描述者，是由於人人彼此欲求己身之利，而不顧他人之利。根據墨子，愛這件事是給予對方利益，結果，這項利益又回歸自身。興天下之利，除天下之害者是所謂的仁人。

但是，義是什麼，正義是什麼，因著個人，因著集團，未必是價值觀一致的東西。人有多少，義就有多少。由於人人各自以己義爲是，以他人之義爲非，互相爭奪，交相非難，天下於是大亂。

宋代是理氣之學流行的時代。程顥、程頤（程伊川）是理學的開創者。確認「理」（道德的理性）和「欲」（感性情欲）的對立，對「義」和「利」分別往「公」和「私」去解釋。將義與利的對立思考爲「非義即利」、「非利即義」。避利趨義，被認爲是聖人，反之，則是小人。因此，去「人欲」、存「天理」之事被提倡。

七、沒有普遍的道德基準

在過去的中國，有所謂「男女七歲不同席」之習俗，這是由於男尊女卑社會的緣故。尤其關於女子有各種各樣的「德」。所謂的「三從四德」作爲美德被尊崇。根據有名的探險家庫克船長的紀錄，據說在當時（十八世紀）的中國，男女同席而共食之事被嚴格禁止，未婚男女的性行爲也是錯誤的。

誠然，風俗的差異是因民族，或因時代而相異，這算是常識。特別是所謂習俗的東西，我覺得進入近代之後，被視爲奇習的狀況也相當多。在此處，有自古以來作爲「德」被傳承下來的東西。在過去日本小學校的教科書中出現的「姥捨山」即是一例吧！道德的基準因社會之不同而有別。

根據近代英吉利的哲學者大衛・休姆的研究，古希臘和羅馬的習俗，和他那時代的英吉利相當不同。在古代，以妹爲妻、自殺等等似乎受到讚賞。

所有從我們看來爲「眞」的普遍的道德基準等等都不存在。現在也是如此。但是，進入近代，雖然普遍的道德觀漸漸地形成，但差異仍持續存在著。至少資本主義國家與所謂中國和北朝鮮等現存的社會主義國家有所不同。米國的正義和伊斯蘭的大義確實不同。連日本和米國也不可能存在完全價值觀的共有。並且，根據政黨也有不同。

因此，最終在這裡，會發生文化的摩擦、文明的衝突。

八、馬克思主義道德觀的理想與現實

雖然不存在所謂的馬克思主義倫理學，但如果可就習知的道德觀來說的話，則便是階級道德。

恩格斯在《反杜林論》中，採取了代表將來的無產者之道德。根據恩格斯之見，道德是正當化支配階級的支配和利益的東西，受壓迫階級從非常緊迫的時點開始，反抗這樣的支配階級，被期待成爲受壓迫者之未來利益的主張者。

在當時有三重道德並存著：基督宗教及封建社會的貴族道德；現代的、市民的或布爾喬亞的道德，以及將來的無產階級的「眞道德」。

繼而，主張「超越階級對立」（眞正的人間道德），直到共產主義階段才開花結果，並認爲道德無法避免歷史的相對性。

對馬克思主義道德的批判也有不少。例如，人的意識是否終究是根據經濟的下層結構而被全面地決定？對此之實證是困難的事。再者，把過去的道德全部視為階級道德，而這個東西是否純然仕奉著「階級的利益」呢？過去道德之全體是否能夠說是階級道德呢？

並且，階級對立消滅後的共產主義社會若實現的話，階級道德開始消滅，人間的道德就能眞正地產生出來嗎？所謂「人之異化」據此就能被克服嗎？無論誰也都無法對此加以實證。這絕非「談論明日之事，鬼怪笑之」的問題。蘇聯和中國等社會主義國家所嘗試實驗的階級消滅發生了嗎？在社會主義社會中，「眞正的人間道德」萌芽了嗎？答案是否定的，實驗是完全失敗了。共產主義國家的悲劇，於九〇年代以降赤裸裸地發生，其理想與現實之間的巨大乖離，確實在我們這裡已經一目瞭然了，不是嗎？

九、現今應該取回的日本人的美意識

施行過度的道德教育反而大量育成不德之人，有所謂教育從事愈多，反而導致社會愈益凶惡化的結果。鄰近的中國即是其中好的例子。這是儒教道德教育的可怕之處。

暫且以冷靜的目光再檢視一下儒教所謂「德育」的歷史吧！雖然儒教在兩千年前被

國教化了，在漢的時代卻已經作爲充滿問題的倫理教育而受到議論，將漢滅亡而建立新朝的王莽，在打造儒教王國上失敗了。

那麼，爲何儒教教育奪走了中國人的良心，造成世界上最不道德的國民呢？對其之說明，必須從思想、哲學、倫理學、文化論或心理學和精神分析等等各領域來做體系性的論述。在此，只採取若干個人的私見。

（1）首先，應當指出的是，歷經數千年的中國儒教教育，無非只有羅列五常和五倫等等忠孝和仁義的德目，究竟所謂「仁」是什麼，「義」是什麼，其概念是曖昧不明的。連提倡它的教祖孔子也沒對各樣的概念做定義。對於忠與孝的關係，以及所謂孝與忠難以兩立的矛盾未進行討論，基於怎樣的道德觀，仁和義才能成立？爲何這就是有德的狀況？不見任何議論下，只不過是作爲「珍貴的詞句」而爲人所認識而已。

（2）單單並列著德目的儒教倫理，純然成爲外在的強制，無法成爲浸透到內面的事物。其並非如宗教的信仰般成爲內發的東西，只是作爲教條純然從外面灌輸而來的東西。越進行灌輸，原來作爲本性的良心在受到壓抑的情況下，便無法嶄露頭角，反而把中國人作成最缺乏良心的民族。

（3）儒教倫理原本是家族和宗教的倫理。有如清朝末期學者思想家梁啓超所指出的那樣，在中國不存在社會廣泛共有的倫理。不僅如此，還把如此的家族式的倫理規範斷然地強推到國家層次，塑造成「治國平天下」的倫理規範。由於不合乎所謂國家的大規格，反而招致天下的大亂，並且造成大量生產出任意踐踏教條的僞善者的狀況。

儘管有這樣的缺陷，在中國兩千年間也持續以儒教的教條作爲倫理道德的規範。其結果讓中國社會成爲人與人之間互不信任的社會，盜賊猖獗，政治染上污職和賄賂，獨裁政權橫行無阻，人權遭受蹂躪。誠然，儘管也可能有自然環境和經濟的條件所加諸的狀況，然而，對所謂精神的最基本要素予以輕視下的風土，無疑是儒教所成就出來的東西。我將其稱爲「儒禍」。

日本雖然學習儒教，卻不曾捨棄在其之前存在的神道，並且也容納佛教，作成日本獨自的倫理規範。不存在說來像中國一樣的所謂儒學一神教、獨尊儒學之事。

如此的日本所完成的美德，在今天似乎要失去時，並非讓美德一成不變地被尋回，試想，如何讓其在至今以後的時代能夠有效地再生，未嘗不是件好事吧？爲了對其加以思考，由此處出發，對於日本人的美德所做的思考，便有如基於筆者之立場所論述的那樣。

十、成爲過往倫理的忠孝道德

在日本人的價值觀中，戰前與戰後在境內發生最大激變的大概是「忠孝」的倫理規範吧！

暫且從進入戰後而論，「忠孝」之對象改變了，對於忠孝倫理的意識變得淡薄了，儘管似乎只是改變了外貌，然而可以確定的是，以「忠君愛國」爲口號者已經消失了，「孝道」論上囉唆的父母也變少了。

對中國人來說，「孝」是全體道德的根本；對朝鮮人來說，相較於「忠」，「孝」是更重要的德目。但是，對日本人來說，從過去以來，「忠孝」只不過是在小街道的心學塾中有如「老鼠啾啾之忠；烏鴉嘎嘎之孝」這樣的東西。儘管如此，相較於孝，忠才被視爲大事者，是日本人傳統的價值觀。

「忠君愛國」的教育雖然確實消失不見，然而對主君的忠誠心，不僅在國定忠治和清水次郎長的故事中，也在忠臣藏和俠客電影中時常登場。

所謂「主君，若要屬下死，交代一句即可，不必猶豫」的台詞依舊時常聽到。歐米人的首領、部下的關係，不是像日本人那樣的忠誠心，每個人的個性也相當強。在電影中出現的黑手黨，經常把「我無意接受他人的指示」掛在嘴邊，如此地強調個性，是很平常的事。對首領的服從實出於對制裁的恐怖心，這種事例相當多。

然而在西洋人中，持有比較接近日本人的義理和忠節的意識者，是在歐米作爲特異的存在而受注意的、出身於西西里島的黑手黨集團。

西洋封建時代的主從關係，與日本封建社會的主從關係有別。在西洋的封建時代，家臣不必對主君盡「忠誠」，家臣從主君那裡所受到的要求是「誠實」，亦即在日本所說的「誠」。上述爲歷史社會學者鯖田豐之所指之處。

反之，主君對家臣也必須要有「誠」。主從是「雙務的關係」。此外，也沒必要抱持所謂「忠臣不事二君」的忠誠心，頂戴多數主君的家臣也相當多。主從是爲「契約」制的關係。

日本的主從關係無論從哪一方來說，都要求完全的終身服從。投入全人格而爲主君備妥自己的生命，且恭順以對。此外，日本人的忠與中國人的忠相當不同。有如由諸葛孔明的《後出師表》中對於至死爲止的忠所表述的「死而後已」所得知的那樣，由儒家思想所代表的中國人的「忠」是現世的忠，只是今世一生的忠。

然而，日本人的「忠」，是從楠木正成兄弟所見到的「但願七生出世爲一人，消滅朝敵以報國」之思想。此爲所謂七度再生以盡忠義的輪迴轉生的忠。成爲此思想之核心的東西，是「七世報國」的忠義思想。

十一、由「武的文化」所產生的公的倫理

漢民族是以人際關係爲全體之中心的實利主義的民族。在社會的倫理規範方面，個人或最近身的家族被思考爲中心。基於這項原因，君臣、父子、夫婦被視爲中心，個人對個人的利己主義的道德規範受到關心，欠缺利他的精神。忠孝也是其中的一項，道德之實踐上也是利己主義的、屬於自我中心的。

對於這點，曹洞宗的開祖——道元——已經明確地指出這件事，以「佛陀不擇時地，與眾生共立於同一境地，純然盡力於眾生的救濟，孔教之說無涉於此」一語道破。

根據米國的歷史學者賴肖爾（Edwin Oldfather Reischauer）博士之見，日本近代化的成功，是由於日本的倫理是「目標導向型」的緣故。相對於此，中國社會停滯的理由，被認爲是由於中國的倫理觀爲「身分導向型」，以自己的出人頭地、榮華顯達爲目的的緣故。

忠是公的倫理，孝是私的倫理。漢民族自古以來已經知道忠孝難以兩立之事。儘管如此，仍鼓吹忠孝的倫理。平重盛在平安末期已經指出「盡忠，孝難全；盡孝，忠難全」如此的矛盾。在這裡，鼓吹忠孝的同時，強調「孝」是最高的道德律這件事。一切把孝道設爲最優先。朝鮮人也在這點上與漢民族沒太大不同，或許還更甚之。

誠然，在日本人方面，也存在著「孝」。但是，其內容方面，中國人卻與日本人相當不同。《孝經》提倡「夫孝，始於事親，中於事君，終於立身」。由於孝成爲立身的原則，奉公的觀念成爲利己的，被吸收進家庭的桎梏中也是平常的事。並且，所謂「忠孝難以兩全」，實際上，即沒有所謂孝與忠一致性之事，孝或忠幾乎必須二擇一的場合相當多。在如此場合下所謂的以「孝」爲選擇的故事，在韓國比在中國還更多。作爲其中的一例，有如下的故事：

某支部隊的司令官，父母過世當時，爲了盡孝，放棄軍隊的統率而返回故鄉。於此，韓軍雖然慘敗，由於盡孝之故卻成爲美談。這樣的故事到了日韓合邦時還繼續存在。其中，在一九〇七年，義兵鬥爭的總大將李麟榮爲了服喪而有所謂脫離戰線的軼事，這便是代表。

但是，日本文化的支柱是「武」的文化，亦即以武爲邏輯基礎的文化。因此，公的倫理優先於私的倫理，忠也優先於孝。武的倫理和忠的倫理結合而成爲日本人之精神文化的基本原理。

西洋人的loyalty雖然與忠義同義，但基本上是以封建領主和騎士間在經濟上施與受（give and take）的關係爲基盤的社會倫理，並發展出種種的武士道和騎士道。

十二、對立中的佛教倫理與儒教倫理

在印度人那裡，不存在單方縱向的孝之倫理。親子間的倫理規範是屬於愛的東西。它不是絕對的，而是相對的事物。在印度人那裡，孝不存在，有的是「戒」（sila）。佛教雖然有五戒之說，但與漢人的五倫之德目有別。

根據印度哲學學者中村元所著的《東洋人的思惟方法》之〈二、中國人的思惟方法〉，在漢譯佛典中，把「戒」譯成作爲單方倫理的「孝順」。及至「不可說謊」也竄改爲「孝順」。

在原始佛典中，關於存立於主奴關係之上的權利義務關係方面，規定主人對待奴僕的「五仕」。此外，奴僕對待主人則倡導要有「五愛」。在漢民族中，不存在如此的倫理。從一般的倫理規範來說，奴僕奉仕主人的規定是最要緊的事；主人要愛奴僕，純屬常識。然而，在原始佛教中，上以「敬」和「仕」對下，被以宗教的崇高精神來倡導。

儒教的德目與佛教正好對反，純然強調下對上的單方絕對服從。因此，從儒教思想所見之佛教的慈悲和愛，是本末倒置的東西。在漢譯佛典中，把上對下的「敬」和「仕」以主人對待奴僕的「教授」竄改掉了。「敬」和「仕」變成了「教授」。

中國人不滿於佛典中未出現漢民族最重視的「孝、悌」，結果僞造了《父母恩重經》和《大報父母恩重經》。

宋儒由於擔心若人人出家的話，會有子孫斷絕之事發生，因而反對佛教。邵庸便以「佛氏棄父子之道，豈自然之理哉」而非難之。

印度人只有在父母在世期間敬奉之，因爲他們死後，則基於在世時的善惡行爲而前往天國或地獄，因此並未如漢民族般，父母在世時要孝順，到死後還要繼續受祖先的支配。中國的孝不僅是針對在世的父母，死後成為鬼神的父母也包含在內。因此，有所謂的「不孝有三，無後為大」（語出《孟子．離婁》）之說。但是，明治以降的日本，只主張父母在世時的孝道。這是與中國孝道的決定性差異之所在。

在佛典中，也沒有「忠孝」的說教。佛教與儒教思想最大的對立之處，的確就是在對人倫之否定的態度上。根據林羅山的《惺窩先生行狀》，藤原惺窩表示「釋氏已將仁種斷絕，又消滅義理，這成為異端的所在之處」。熱心的排佛論者山崎闇齋也對釋迦棄父出家、斷絕人倫，只為自己而獨處山林之事予以批評（《闢異》）。

但是，隱溪智脫在其《儒佛合論》中，批判儒教倫理的「孝」。其曰，儒者對君子只是盡其敬順之情，佛者不僅敬順之，還要引導之使其達到正法。總之，儒者的孝，不因好惡而在盡孝上有所差別，在擅長的察言觀色中，盡其一生而後已。相對於此，佛者醉心於佛法，但不忘報恩之心。在明心悟道時，由於要讓父母脫離地獄之苦，讓其往生淨土，並領會一心不亂的境界，因此回報親恩之事不止於一生。

亦即，相較於儒者所追求的對現世父母的孝，智脫所倡導的是，不限於現世，也包含過去世和未來世的佛教對父母的「孝」（或對父母的愛）才是更為優越且眞實的道德。

十三、爲何孝成爲中國倫理的根本

在世界的民族中，中國人是最世俗化的民族，信仰心非常淡薄。然而，只有孝，具有適合以宗教來言之的獨特性。並且，也有所謂形式化與形骸化的特徵，遭逢父母的喪事時，極端重視形式。首先，盛大地舉行葬儀，爲了讓眾多的人看見而投入全部的財產。墓能多大就多大，以此爲盡孝的表現，爲了買下上等的棺木而賣掉女兒的事也有。「二十四孝圖」果眞是「孝」的奇行總覽大全。像這樣的極端社會現象有可能會造成壞的方面，其影響程度甚至關係到國家的存亡，越過了節度。

中國的宗族制度也可稱爲宗法的家族制度。其爲歷經數千年的歲月所固定而成的家族生活的樣式，其背後帶有農村的生產和生活的實態之刻痕。爲了在農村生產以及生活下去，單憑一人當然是不可能的。因此之故，如果沒有使喚奴婢的餘裕，便只能營造以家族全員的合作爲前提的生活。這便是依賴宗族。結果，以家族爲基本單位的國家被形成及延續。中國這個國家，實際上是由家族擴大而成的。因此馬克斯・韋伯稱中國爲「家產制的國家」。「國家」看上去有如此字所示，即是家。中國的歷代王朝也全都是一個家族、一個姓氏的天下。

在中國，一人的榮達繫於一家一族的榮達。這種事情被說是「一人得道，九祖升天」或「一人得道，雞犬升天」。反之，所謂「一人有罪，誅其九族」，在失勢時，一族全部被無慈悲地誅殺，是可被預期的命運。

唐太宗、宋太宗和明世祖全都從兄弟和親戚那裡篡奪帝位，然而無論如何，卻都作爲中國史上首屈一指的明君而被傳揚至今。然而，對於他們的兄弟和親戚一族殘虐肅清的故事，卻是不忍卒睹般的淒慘。肅清徹底行之的話，數目上達數萬人。這是否是被篡奪者的宿命呢？

榮枯盛衰爲全家族之事，這成爲歷史的鐵則。繼而，在如此的中國歷史中，沒有個人的生存空間。這樣的社會，即便變換了多少時代也沒有太大的變化。即使變成了人民中國，家族的壁壘也破除不了。即便在改革開放後的今日，由被稱爲「太子黨」的政府官僚家族所建立的特權企業便順勢崛起。

在蔣介石時代，當時我還是在台灣的小學生，受到「總統是我們的家長，軍隊是我們的家庭」這樣的教育。軍歌也被廣爲傳布，大家高聲齊唱的場景至今仍有印象。總統是所謂的家長。如此的想法，今天也還存在著。如果家長是一族的領袖的話，爲了一家一族的統合及統率之，對所謂「孝」之德目的強調便是必要之舉，「孝」被視爲家族全員的生活規範。如果一家一族的家長變成作爲一國之長的王或天子的話，這個孝便即刻被擴大成「忠」，而忠君愛國便成爲全體國民的生活規範。

相對於此，在日本，「公」的倫理相較於「私」的倫理被視爲優先，而「忠」相較於「孝」也具有優先性。

十四、「忠與孝」如何不斷地被思考

忠與孝的價值觀在激烈衝突的場合中，日本人以忠爲優先，這是到戰前爲止的社會風氣。

然而，儒教思想傳統下的「忠孝」之倫理規範是以「忠孝一致」爲前提的「孝」爲優先。

《論語．學而篇》有云：「其爲人也孝弟，而好犯上也，鮮矣；不好犯上，而好作亂者，未之有也。」亦即，孝是忠的根本，這是所思考下的「忠孝一致」。

中國人最初藉以進行思考者，是孝與天地人融貫的超時間、超空間的宇宙永恆原理。

在所謂的《大戴禮記．曾子大孝》中，有如此之陳述：「夫孝者，天下之大經也。夫孝，置之而塞於天地，衡之而衡於四海，施諸後世而無朝夕。」

孝不是父母對子女的愛，而是以父母的權力爲基礎的子女之絕對服從，意謂的是子女是父母的私人所有物。

讓子女的倫理作爲家庭的支配倫理而確立下來。再來，被擴大適用到作爲最大的「家庭」的「國家」之後，如果君主成爲父母，人民被當成子女的話，在人民這裡便產生對君主克盡絕對服從、絕對忠誠的義務。這是所謂「移孝作忠」的原理。

近似曾子孝的倫理觀之處，我認爲日本在這方面，有不少出於江戶初期的儒學者中江藤樹。他在其《翁問答》中，主張「孝」是人生之道的根本。

所言即是，孝在世間即孝順之事，若藉此而深思，那麼，它便是存在宇宙萬物之根柢的本體，亦即被稱爲太虛的東西。是既無開始也無結束，無始無終的永恆存在。萬事萬物皆爲由孝所生出的事物，萬事萬物任何一方，不具備孝的道理者不存在。天地萬物，無論身或心皆具足孝的實體。此爲其所主張之觀點。

根據中江藤樹之見，孝是「愛敬」，親於人，絕對不能輕視、侮辱長上。

在相關的實踐上，「立身行道」爲重要之事，存在於宇宙萬物之根柢的本體（太虛）

與天道的本體（神明）被顯明，時時遵從之而與人爲善，應當承擔萬事，畢竟敬愛是萬人的道德。此爲中江之主張。

江戶時代的儒學者貝原益軒在其《愼思錄》中，有「山犬和狼亦知報恩。因此，忘恩、背德者，比山犬和狼更劣質」之描述。如果不抱持報恩之心，便無法克盡忠孝。其主張，君子之行被實踐者即便眾多，但其中報恩是最重要的大事。以「報恩」的層面來思考忠孝這點，相較於所謂的汲取自儒教傳統流派之說，來自佛教思想的影響或許還強得多。在日本，對於「忠孝」的德目，已在貞永式目五十一條中，對所謂的「忠於主、孝於親」的道德律予以法律化。戰前的《教育敕語》中，也有這樣的教導。

所謂西洋人沒有「孝」的倫理，這是東洋人過去的一般看法。但是，明治、大正時代的農學者及倫理哲學者新渡戶稻造則有「西洋人的孝順之心，眞的不比日本人還要更強嗎？」這樣的提問。

思念父母、侍奉父母的意念任誰都相同，所謂的忠義或行動，並非從原來的道理生出的東西。他認爲所謂的道理之物，若不窮盡此物是無法得出的，眞情流露，是眞的孝道。所謂的道德，不是理論，而是實踐，此爲其之主張。

新渡戶稻造，列舉以下的觀點作爲所期待的美德：

「良好的方面毋寧願其不變地留存。對父母之感念，對子女的關心，對親族關係者之關懷，由此延伸則爲愛國心，一般言之則爲禮貌及謹言愼行。人的風俗不是像西洋人那樣粗野，行爲舉止周到圓融。像所述這樣的事，誠然是我們也希望其作爲美德而永久維持下去的事物。」

國學者本居宣長將「仁義禮讓孝悌忠信」等等的儒教倫理批判爲無視人性的教戒。儒教倫理是僞善的道德，「事實上即便一個持守者」也沒有，不過是「愛論人之惡的歷代儒者所共有的喋喋不休」，其以此作爲批評。儒教倫理即便何等地施加權威，如果沒有權力的強制手段的話，絕對沒有人們會自發順從的道理。並且批判它是有害而非人性的規範。「如此的教導多害而無益」（《葛花》）。

自始，難治之國欲其治而不可得的狀況下所做成的聖人之道是「人必然應該有的東西使其過度，尚且又是以嚴以教之所做成的強制」。從原來人的生活之道偏離的僞學，否定欲望的教示，作爲人間道德只是僞物。此爲其之主張。

十五、忠孝的一致性不可或缺的日本的道德觀

在日本固有社會組織的維持之上，無論如何，忠孝一致的國民道德都是必要的。開國維新以後的日本，明治十三年（一八八〇）教育令被改正，修身科被置於諸科目的最上位，「仁義忠孝明確化」的儒教主義之道德教育基本方針被確定下來。繼而明治十五年（一八八二），出於明治天皇的侍講元田永孚之筆的《幼學綱要》被配布於全國的小學校，所謂「忠孝」是「人倫的至義」這點成為主張。明治二十三年（一八九〇）所發布的《教育敕語》，以「我國國體的菁華」、「教育之淵源」存在於此，來歌頌忠孝。

對「忠孝是道德的基本」這個說法強烈批判的，是明治的哲學者大西祝。如果忠孝是諸德的基本，是「絕對的」的話，那麼忠孝便是能夠包含諸德的東西，亦即，一切德目必然是由其處所導出的東西。此為其之批判。再者，忠孝如果是所謂「遵從君父之命」的話，那麼其並非基於明確的思想，不過是某種想把君父的命令吹捧為善惡之彼岸的感情論而已，由於在理論上無法成立，於是便道破了忠孝道德的基本說法。

在文革後的中國，從「英明的領袖、對黨的忠」改變成「對個人欲望的忠」。一胎

化的政策之後，流行起祖父母四人和父母二人寵愛唯一的孩子的「四二一」症候群，進入到父母對子女盡「孝」的倒錯的時代。在北朝鮮，對將軍的忠被強制，卻只有在韓國，似乎「無論如何要孝」的這點被堅守。

於此，日本的「忠孝」的傳統倫理，在如臨激流漩渦的時代中，是不是沒被吞沒而經受得住呢？

第三章

中國的道德最低的理由

一、歷經兩千年的道德教育之實驗結果

人類所追求的最高價值是眞、善、美，以及聖、健康、快樂等等，對此，哲學者和倫理學家、宗教家以各種不同方式提出主張。

中國人自古以來以仁義道德，亦即，以善爲最高價值而追求之，在教育上，確實也以其爲內容。誠然，也存在種種的批判。從古代，特別是從春秋戰國時代以來，在思想系譜中，從老莊的道家思想、墨翟（墨子）的墨家思想、韓非子等人的法家思想等等而來的批判廣爲人知。

作爲對儒教思想之批判，其中尤其是始皇帝在中國統一後所斷行的對儒家的彈壓，亦即「焚書坑儒」，是有名的例子。進入近代以後，在一九一九年的五四運動當時，也興起「打倒孔家店」的運動。在被稱爲「十年浩劫」的文革時代，也出現過「批林批孔」（批判林彪、孔子）的運動。

但是，提倡仁義道德的儒教思想自春秋戰國時代開始就已經存在了，以孔子、孟子和荀子所代表的倫理作爲人間規範的儒家思想，在三教九流（儒教、佛教、道教的三教，和儒家、道家、陰陽家、法家、名家、墨家、縱橫家、雜家、農家的學問九流）中，成爲主流思想。

漢武帝的時代以後，再由於「獨尊」，而獲得國教的地位。

在經歷兩千餘年的中華帝國的時代中，發生過易姓革命，一治一亂也不斷地反覆發生，也出現過佛教隆盛的時代。西風東漸以後，也出現過西洋的衝擊和威脅。

的確，以向來擁有國教地位的儒教爲基礎的教育，即便在時代中取得優勢，本身卻未必如此，絕非順風滿帆的狀態。儒教思想只不過是一君萬民制的人治、德治的象徵。揭開儒教的表面，其實際上是基於法家的法而進行統治的「陽儒陰法」。若法不存在，則國亦無法成立。這樣的說法也存在著。

社會主義體制下的中國，雖然有時被強調爲具有中國特色的社會主義國家，但是絕非儒教國家。然而，即便儒教思想似曾衰退，但代代相傳的儒教思想，在宋代則作爲理氣之學往朱子學移行。繼而進入明代之後，所登場的是作爲其中的一項異端的陽明學。社會主義退潮後的今日，中國政府在海外設立大量的孔子學院，儒教思想的第三次隆盛期，以新儒學、新新儒學等等之名而喧騰一時。

但是，無論今昔，中國絕不是過去的日本人，亦即江戶時代的朱子學者所夢想的「道德之國」、「聖人之國」。

二、從歷史所產生的道德之終局

從歷經兩千餘年的中國的道德教育所產生出的中華文明和文化，儘管其存在毋庸置疑，然而中國人邁入近代後所選擇的是被視爲最高善的社會主義思想，並以此爲文化。所指向的是平等的社會，以及豐泰平和的社會。

然而，今日的中國社會究竟成爲怎樣的社會呢？被中國視爲最高善和最高的價值者，是「向錢看」的社會，作爲人所受到的評價基準是金錢的有無，金錢也是利權的同義詞。

賣春、走私、賭博、婦女兒童誘拐、麻藥、詐欺、黑社會等「七害」，坑、蒙、拐、騙、假、僞、冒、劣等「八毒」蔓延的社會，其現況任誰都得承認。曾經寫過《黃禍》這本寓言小說的文明評論家王力雄，就中國是道德最低之國指出「四最」（人口最高、資源最少、欲望最大、道德最低）。進入二十世紀之後，中國的國家指導者們盡悉指出道德之退廢，並始終爲「亡黨亡國」的危機之夢魘所擾。

例如，前總理朱鎔基指出，中國最大的憂慮是社會道德的崩壞和文化的退廢。他深刻地理解到這種狀況不是只在一代兩代中就能被改變的事情。其所感嘆的是：中國人的道德退廢之事，在一九八〇年代中期，鄧小平和陳雲等元老就已經注意到了，現在則在更進一步的惡化中。與胡錦濤不即不離的上海幫的實力派人物曾慶紅也承認道德教育的失敗，與朱同樣也認爲這不是一、兩代就能改變的事。不僅是朱和曾等人，中國的國家指導者和黨國元老們也都對此瀕死之病，特別是對「無官不貪」的腐敗社會感到絕望而發出嘆息。

把中國共產黨體制的一黨獨裁之結局和所有的責任都歸咎於共產黨體制，或者毛澤東和四人幫之所爲的議論雖然不少，然而這點卻是完全無視歷史所致的偏見。原本從秦漢的中華帝國以來，中國就絕非江戶時代的朱子學者所稱讚的那樣的「道德之國」、「聖人之國」。中國的歷史基本上是互相殺伐的歷史、虐殺的歷史及匪賊之社會。承受成爲天子之天命、以德統率萬民、應當作爲德之象徵的天子，實質上是最大的僞善者。若就按照「萬德孝爲先」而行的中國儒教倫理來看的話，中國的名君大抵都是在父子兄弟的殘殺中勝出而登上君主寶座的人，關於這方面，歷史本身就講述著這些故事。

以善爲最高價值的中國道德教育，結果也只是產生出僞善和獨善。對此，歷史即是明證。

三、「不說謊者只是騙子」的社會

在中國有所謂「一切都是謊言，不說謊者只是騙子」的諺語。不限於一般民眾，就像連前總理朱鎔基也感嘆的那樣，中國是充滿謊言的社會。這樣滿是謊言的社會風土，是從所謂「騙的文化」中產生出來的東西。然而，在中國的文化方面，爲何「騙」的文化被形成、被定著呢？在這點上，存在著與儒教文化相當深的關係。

與求真的西洋文化不同，儘管中國以善爲最高的價值而追求之，然而，在其長期嚴苛的歷史環境中所培育出來的狀況是「本音和建前」[1]的乖離。因此，巧妙地活用本音和建前，以及懂得如何應對進退，便成爲處事的哲學。

如果不是代表天而承受天命且應當成爲德之化身的天子的話，便不能統率萬民。這樣的想法，是儒教學說的核心。此處所被要求的，是「五倫」和「五常」（仁義禮智信）。天子統率萬民所憑藉的東西與其說是德，實際上卻是力。雖然如此，天子仍必須把德掛在嘴邊。實際上，作爲不限於對臣下，尚包括對萬民的統治之術的，是法家韓非學說中的「賞」與「罰」。這即是與馭馬之術相同的胡蘿蔔和鞭子。《韓非子》大量採用奇聞軼事和實例，以爲論述之用。以秦始皇爲始，歷代王朝於治理天下時所必要之物，儘管理論上是「德」，實質上卻是「力」。

因此，天子與儒家倫理有別，根本上，成爲以德之體現者爲名的僞善者。歷代王朝的德治、德化（王化）實質上是藉著以儒爲建前，法爲本音的「陽儒陰法」來運作。浸透在「騙文化」中的這個國家，直到今天的中華人民共和國爲止，無論什麼樣的運動、革命或改革，支撐其體制的東西就是「騙」，總之，即是謊言。也就是說，如果謊言不在的話，其體制便成立不了。相較於被大眾所接受，如果沒有能夠說服大眾的謊言存在的話，那麼取代舊體制之事便不可得。因此，進一步受到追求的，是高尚而巧妙的謊言。

共產主義社會和社會主義社會，是根據「科學的」謊言所武裝的謊言集團。在這裡，就像今天習近平的體制，存在著所謂不強迫言論管制的話，便不得其行的根本原因。

1 譯者註：「本音」意味內在的聲音，「建前」意味外在的整建。意義分別類似中文的「真心話」和「客套話」。

四、對於未成年者施以思想道德建設之教化的理由

面臨青少年犯罪的劇增，在日本，戰前的道德教育應復活之主張聲勢高揚。雖然應該傾聽的事情相當多，但青少年的犯罪增加不是僅在日本出現的現象。現在，在世界中作爲普遍的現象而受到注目，是對時代變化的強烈感受下的現象之一環。

其中，最深刻的反映者爲鄰近的中國。在文革之後，社會主義的意識形態實質上被淡忘且崩壞，取而代之的大概是滿滿的愛國主義和民族主義，或中華振興之路的教化。黨大會時，即便決議「社會主義新文明的創出」，號召新儒教的建立，但對於青少年那裡所存在的傳統價值之崩壞，卻出現失控的狀態。新的價值依然無法被創生出來，以至於持續茫然而行，「思想道德建設」作爲必然的教化的時代背景即蘊涵在此處。

二〇〇四年四月，中國共產黨政府在黨中央國務院工作會議上，提出「加強和改進未成年者思想道德建設」的計畫。

二〇〇四年，中國十八歲以下的青少年有三億六千七百萬人。即將成爲中國脊梁的他們，究竟有著什麼樣的問題呢？當局有如下的指出：

「欠缺崇高的思想和健全的人格，勞動觀念和法規的觀念淡薄。利己、狹量、享

樂，勤勉和忍耐力缺乏，以及無法自立等等狀況的普遍化。」

有如中國讚賞派所曾經描述的，所謂的「雖然貧窮，但任誰的眼神都描繪著生氣蓬勃的光明未來」那樣的中國青少年之屬，並不存在。有的是所謂的自己以外全是敵人的想法。幾乎全是罹患「四二一症候群」的「小皇帝」，似乎不見可期待的未來。

雖然這不是會讓人感到驚訝的事，但今日中國的青少年的確與文革時代的紅衛兵大相徑庭，缺乏朝氣，無法依靠。不僅如此，進入二〇〇〇年之後，青少年犯罪佔全國總刑事犯罪的七十四%以上，其中，十五至十六歲的犯罪者還佔有七十%的樣子。與痲藥有關的事件牽連到未成年者也在激增中。

中華人民共和國政權自從建國以來，便是所謂的「政治掛帥」。幾乎只關心政治問題，道德和心靈的問題被排除在外，其代價就以青少年問題顯現出來。也有如此的看法。然而，理由還不止於此，不是嗎？

五、道德教育果真有效果嗎？

戰後日本的教育方面，反日教育成爲主流。一言以蔽之，是反傳統、反國家的教育。亦即對傳統的文化、傳統的價值、傳統的精神予以全盤否定的教育。其目標爲日本革命、世界革命和人類解放。

戰後，日本人在道德上完全地退廢了下來。因此，必須讓公民和道德的教育復活的主張，其聲浪一直高漲著。但是，戰後日本道德的荒廢，果眞是公民和道德教育的欠缺所造成的結果嗎？或者是從這些以外的原因而來的呢？什麼樣的道德、倫理的教育是必要的？例如，儘管中國人自己以持有世界上最高的儒教倫理來自述自讚，但除此之外的道德是否爲必要的呢？現在必須再試著考慮看看。

戰後日本的道德退廢這件事，相較於所謂的公民和道德教育的闕如，若在明顯的時代變化中來思考，毋寧在對於超越道德的日本文化的否定這件事上存在著較多的原因。其原因在於，成爲人民共和國的中國所指向的教育，是以口號上所揭櫫的「破四舊」作爲象徵的社會主義、社會建設爲目標的教育。亦即相較於自由，毋寧是平等、無私、「爲人民服務」的社會主義教育。新中國所指向的理想社會與戰後日本的教育，也有不少類似之處。

但是，由於文革時代極左的急進路線，教育制度在十年間的過渡中崩壞、停止了，改革開放後，像所謂「一年一個樣，三年一大變」那樣，激變後的激變持續不斷。不只是青少年，官民整體上也難以趕上變化，因而是價値觀大激變的時代。

黨和政府的幹部成爲「無官不貪」，進入暴發戶的時代。全國各地出現「向錢看」的風潮，無論傳統的「仁義」或者是社會主義的平等、犧牲、服務的意識形態都崩壞到體無完膚的境地，來到了擁抱「欲望最大」的時代。

在對亞米利加的國家精神、法蘭西的文化遺產、義大利的國粹藝術、被稱爲德意志民族慣習教育的民族教育、愛國教育的仿效中，雖然強化了對青少年所進行的中華民族精神、民族驕傲、民族傳統以及民族認同的教育，然而卻完全不見成果。即便含混地進行著所謂「民主、文明、富強、友好、仁義、王道的現代中國」之建設的口頭上的道德教育，實際上根本不可能實現。

現代中國以未成年者的道德教育爲主要課題，致力於「國學熱」之發揚。一九九四年在大都市進行以「二十四孝」爲主題的活動。雖然應該以新儒教、新新儒教爲社會主義意識形態，並作爲打造富強中國的國教的這項說法成爲理由，青少年的道德退廢仍在另一端持續著。魯迅曾經在二十世紀開頭呼籲「拯救孩童」，然而實際上已經無能爲力了。

六、世俗化進展下的社會前途

今日的中國人爲何稱自己「欲望最大，道德最低」來自嘲呢？如果有這樣的問題，那麼，這點不光是所謂的中國人是以實利爲重的世俗化的民族的緣故。而是因爲自古以來遵從儒教的學說，實行「敬鬼神而遠之」的緣故。中國人只相信鬼（祖先之靈），根本上未達到信仰神的地步。還不光是不相信他人，是因爲連畏怖神的心也喪失了的緣故。

中國與宗教心強的印度、伊斯蘭和西洋社會不同，自春秋戰國時代之昔日開始，世俗化便已經在進展之中。佛教信仰強布的六朝時代和狂熱叫囂「鬥批改」（鬥爭、批判、改革），以及被毛澤東思想單色塗掩的文革時代等等，也存在過精神性高揚的時代。但是今日的中國，則明顯迎來拜金主義、封建主義徹底化的世俗化的時代，現世主義的色彩強烈。

這樣的社會，不能正確無誤地稱爲競爭社會。因爲它是在有限資源方面的無仁義之戰。若藉由民意調查，結果出現有錢、有權、有關係的人極度有利這樣的觀點。在社會心理學者馮柏麟所實施的「市場經濟條件下的社會心態（意識）研究」（《社會學研究》，一九九五第二期）的調查中，對於「刻苦奮鬥」精神持有者或道德及理想擁有者在競爭上非常有利這點給予肯定的人，各自佔五．四%及五．三%，不過僅止於五%之間而已。

現在的中國就是上述的社會。由於是金錢、權力與關係所支配的社會，道德、理想或刻苦奮鬥被當作沒必要。在這樣的社會中，謊言成爲國家支配的原理，文化人、知識人及學者等全體若不替政權辯護的話，便無法生存。即便到了國外也一樣。堅持社會主義理想的黨內左派無力化，已變成小丑般的社會。即便高舉「堅持四項社會主義原則」，社會主義還是淪喪下去。因而，建前和本音進一步乖離。

孫文曾將中國社會比喻爲沙，而道出「一盤散沙」之語。把如此分散的沙結爲一塊岩石，大概是社會主義革命的目標吧！但實際上是不可能的。互相殘殺和餓死包含在內的話，即便有七千萬到八千萬人犧牲，社會主義社會的建設仍舊失敗。改革開放以後，中國人讓個人自己優先於國家，主張「先富起來」，亦即無論爲了什麼，首先要讓自己變得有錢。「先富論」又再讓中國人像沙一樣地散亂，讓其返回先祖之本。

曾經的中國之夢、解放之夢如露般消逝。唯物論歸根到底是唯錢論，改宗爲唯錢一神教。「欲望最大的中國社會」，把過去的「財子壽」當作幸福的世俗價值觀又再度復活了。

另一方面，政府依舊無法確立徵詢民意的制度，爲了讓共產黨一黨支配永續下去，在高舉「大國崛起」之時，又以「和諧社會」的確立為目標。但是，貧富的差距增大，青少年犯罪的凶惡化進行中的現在，它又近乎不可能。這不就是世俗化無法止息的社會所達到的未來嗎？

七、剝奪中國人的良心者是儒教倫理

在中國有歷經兩千年以上的道德教育。此即是儒教倫理。而這樣的教育，究竟造成了什麼樣的中國呢？

無論怎麼看待歷經兩千年的中國史，都不存在「道德之國」和「聖人之國」。儘管如此，中國人始終相信儒教倫理為人類最高的倫理。根據儒學者之見，「天主（基督教）、天方（回教）、儒教」是天下的三大宗教，稱「中國的聖人孔子之教本身是至大而至高的學說」。有所謂「天下大一統的大同世界」是「同文、同倫、同教」之至福將達千年的盛世，儒教時代是支配天下的世紀的意味。

然而，主觀意識的世界與客觀的社會完全不同。無論怎樣的時代，中國都難以從「道德最低之國」中抽離出來。

但是，雖然經歷數千年實施了道德教育，爲什麼中國仍無法成爲「道德之國」呢？若探詢其中的理由，那麼儒教倫理究竟該怎麼講呢？不得不再一次重新審視。

在古代的中國，規制人間關係者爲「禮」。然而，由於禮是極度形式的、表面的東西，所以進入到孔子、孟子的春秋戰國時代之後，便有作爲更精神性的、內在規範的「德」被提倡的狀況發生。但是，「仁義道德是什麼」就連孔子和孟子也無法讓其作爲一定的概念而被確立。不僅如此，歷經兩千年以上，所謂「仁是什麼」的議論綿延不斷。「仁學」產生，「仁的研究」被進行，雖然窮極所謂「仁是什麼」的論理探究，所到達者，可說對警察有警察的仁，對小偷有小偷的仁，各式各樣的仁被思考的話，便是所謂的仁乃是「見仁見智」。

關於仁，在戰國時代墨子就已經提出批判了。由於仁作爲一種只限定在家族上的愛，墨子不主張仁，而主張「兼愛」（博愛）。以《戰爭與和平》知名的俄羅斯文豪托爾斯泰，對於墨子的思想也給予非常高的評價。

在遙遠的過往，與孔子同時代，老子已經以「大道廢，有仁義」指出仁義道德誕生的社會背景之現況。亦即，正因爲世間紊亂、荒廢，才有「以仁義爲必要」的這個思想。然而，近來儒教作爲體制化的倫理，原始的「仁學」反而被提倡，連主張應該回歸原點的學者也出現了。

儒教的倫理道德純然是家族和宗族倫理。梁啓超指出，在中國，社會倫理之類的東西不存在。關於儒家倫理，在戰國時代其界限已經受到認可。因此，爲了規定和規制萬民的行爲，法成爲必要，法家才因而誕生吧！

在中國，持續三十年以上傳道活動的米國人宣教師，名著《中國人的性格》之作者阿瑟．史密斯（Arthur Henderson Smith）其巨著出版之後，有「即使探究下去，從中國人那裡要發現良心的存在終究是不可能」的陳述。在我經常吟味反芻這段話的同時，心裡想著爲什麼有中國人喪失良心這件事呢？據我的推測，在這點上，原因出在儒教的道德教育中，不是嗎？

儒教成爲國教之後，在中國，作爲儒教教育，經常根據外在的強制而嘗試匡正世風。中國人是世俗化的民族，宗教的觀念極爲淡薄。由於不存在從心的內側所產生的自律的信仰心，就沒有理解儒教之外在強制的掌握力。因此，所存在的只有從儒教的學說中所產生的僞善和獨善。從外面愈以仁、義、五倫、五常來強制，作爲人間固有的良心反而更容易受剝奪，不是嗎？這是我的想法。

八、道德教育的掌握力

若強化道德教育的話，社會便愈益退廢，人間也愈益惡質化。對於這件事，歷經兩千年以上的中國史如實地講述著故事。於此，愈益施行道德教育，人間就愈益非道德化，這全是道德教育的結果嗎？或者，這點是儒教倫理必然該探索的道路嗎？

對於這件事，以老子的「大道廢，有仁義」之說爲開始，在老莊思想方面，自古代以來，即論述其所謂的德之原理，談論「絕仁棄義」。

實際上，不過只是「仁義道德盡悉書寫於冊」，在社會上，即便探尋也發現不了。這樣的看法，正好一針見血地言中這個建前與本音的乖離現象。在此，爲何儒教教育只生出僞善和獨善呢？探尋其答案時，必須從所謂中華世界的根基中，以實證的方式來思考才對吧？

所謂的道德，根據時代、民族而不同。所謂「警察和小偷的道德不同」這件事，在莊子的〈盜跖篇〉也有所指出。雖然在日本也有所謂「盜人也有三分理」的諺語，我覺得這個主張稍微有點薄弱。在中國，豈止有「三分之理」，簡直有可稱爲「十分之理」的狀況存在。

價值觀雖然根據民族和時代有所不同，但存在著人類的文明、文明人所共有的或共同目標的普遍價值。例如，雖然《孫子兵法》主張「兵者，詭道也」，所謂說謊是惡事，卻作爲普遍的道德價值被認知。的確，雖然有納粹德國的宣傳部長戈培爾（Paul Joseph Goebbels）所謂「謊話說一百次就變成眞理」的言論，但中國人的社會是所謂「一切全是謊言，不說謊者是騙子」的「詐欺」（欺騙）社會。

如果是文明人，則以偷盜爲惡而嫌忌之。但是，中國社會是匪賊社會，盜取像是好事，則又是以盜取爲名的社會。易姓革命正是正當化這件事的倫理。殺人爲不容許的事，人相較於戰爭更欲追求和平。但是，中國社會的戰亂持續著，是相互殘殺的社會。對於不容許殺人這件事，不僅是佛教，儒教倫理也如此主張。

然而，無論如何把儒教國教化，或教化萬民，或者，即便被視爲德之化身的天子之恩德和王化（把接受中國皇帝恩德的夷狄納爲華夏的一員）被施行，中國人的道德也愈益退廢下去。這是由於不存在容受道德的載體的緣故，不是嗎？

無論如何對德予以歌頌、施行德育，環繞有限資源的爭奪戰都無法避免。在世俗化的民族那裡，堪任精神的或靈魂的救贖的神並不存在，由於其宗教心不存在。因此，當沒有畏怖的對象時，便產生了所謂「爲所欲爲」的現象。

九、中國人的民族性與道德

中國人是世俗化的民族，與其他民族相比之下宗教心淡薄，代之則存在強烈的迷信。

規定人間社會生活的社會規範是禮和德。尤其，漢以後的中華帝國時代中，自從儒教獲得國教的地位，並且貫徹了科舉制度之後，儒教作爲規定體制的精神生活的社會規範，成爲律定中國人的道德意識和言行的成規。

相較於法治，所謂的人治社會是中國社會的特色之一。從這般長期精神風土和悠久的歷史文化所產生的是中國人的民族性。

關於中國人的民族性，至今有各式各樣的研究被完成。例如，在阿瑟．史密斯（Arthur Henderson Smith）的《中國人的性格》中，對面子強烈的固執、吝嗇、時間觀念闕如、神經遲鈍、蔑視外國人、無體貼之心、無責任等等二十六個項目被列舉出來。以此來看的話，能表現出社會生活態度的性格實際上不太受到儒家道德教育的影響，這是可被設想的。但是，對於孝順，則其從儒家道德那裡得到相當強的影響，這是可想而知的。

作爲儒家道德的德目，有「仁義禮智信」的五常和所謂「禮義廉恥」的四維。此外，也有所謂「忠孝」之德目。

即便存在所謂忠和信的德目，但史密斯所指出的，作爲中國人的民族性的不誠實、無責任、陽奉陰違等等性格，意味著忠和信不存在。而體貼之心不存在者，是由於仁的闕如的緣故吧！這就是無論什麼時代，儒教倫理作爲社會規範，其被遵守的理據不存在的證明。

曾是京城大學的教授，反覆進行與中國人的氣質相關研究的天野利武，關於中國人的民族性，從超過六十部論著中整理出四百數十個項目，從其中特別再採納重要的一百三十三個項目。其中採用最多的三十四個項目中，例如「說謊、習慣性的空話癖、不正直」、「愛好詐欺、陰謀」、「狡猾、老獪」等性格被舉出之際，卻明白地意味著忠信的闕如。再者，「殘忍」、「無同情心」、「無感動、神經遲鈍」、「利己的」等民族性格，是「仁義」的欠缺。

關於儒教倫理道德的學說，「勸善懲惡」立於其根本。但是，無論哪個時代，想改變從精神的風土中所產生的民族性，卻是不可能的事。無論在任何時代，皆以其作爲規範社會的必要之物，一旦欠缺便天下大亂。這是實踐儒教倫理這件事的界限。

十、四維八德是奴隸的倫理

關於「禮義廉恥」和「忠孝仁愛信義和平」之說的所謂「四維八德」的道德規範，誕生於古代中國的奴隸社會，完成於春秋戰國時代的封建社會。這是在亂世的精神風土中所培育出的統治階級的倫理規範，也是把永遠的隸屬化強化到被統治者的民眾身上的奴婢道德。

周王朝末期，「禮」制支配衰退後，「天命」以德的思想受到批判，以天為中心的宗教世界觀漸漸地變成以人間為中心的倫理世界觀。這樣的文明世俗化現象造成作為氏族、宗族社會共同體的秩序原理的「禮」之崩壞。

孔子繼承這項傳統的「禮」，創造出作為匡正世風的價值觀的「仁」之德目。此外，為了對抗諸子百家的新思想而創出「義」，又再創造出所謂「君臣之義、父子之親、夫婦之別、長幼之序、朋友之信」的五倫，以作為社會道德的規範。

儒教思想重視家族的共同體意識，其藉由家族的道德規範所彰顯的身分之上下關係而存在。在漢武帝時代，為了維持中央集權的專制體制，儒學者董仲舒由於採取賢良對策，獨尊儒家，而促使家產制國家之家族道德的體制化之實現。

社會道德和倫理思想是歷史的產物，是社會發展階段中所生的產物。唯物史觀則將其視爲統治階級意識形態的反映之一環。因此，倫理道德經常基於歷史環境的變化而生成、發展、變化或死滅。誠然，像中國社會那樣倫理思想常久不變不動地延續著的狀態，即便社會的停滯不無疑問，卻也能夠從非常安定的概念出發來解釋。

倫理思想的實踐，是以人的行爲規範爲前提，逃避不了政治和社會動向之規制。相對於西洋的倫理思想經常作爲哲學體系的一環而被論述，由於中國的倫理思想欠缺哲學的基礎，幾乎是直接結合了政治和社會思想，成爲專制政治的歷史產物。

因此，所謂「三綱五常」、「四維八德」的倫理思想，隨著中華帝國的動搖與崩壞，便喪失其時代的意味，而受到批判和清算。

一八五〇年，造成太平天國之亂的組織及太平天國的倫理思想，是基於基督宗教博愛、平等精神的產物。階級倫理下的不平等之效「忠」的對象不是「君」，而變成對上帝（天帝）、對神的忠以及對國家、對元首的忠。

進入中華民國以後，由於以自由、平等、博愛等等的西歐民主主義倫理作爲立國之道德的、社會的原理的緣故，在民國初期廢止了儒家的道德教育。從漢武帝獨尊儒家思想以來，中國的知識人在兩千年間受到儒家思想的束縛，進入五四運動之後，才在道德自覺上覺醒，開始高唱「打倒孔家店」。

但是，袁世凱爲了對抗民主主義的思潮，鼓吹尊孔讀經運動，蔣介石也爲了對抗社會主義思潮而提倡新生活運動，鼓吹「四維八德」。如此一來，傳統道德隨著政治的、社會的震盪而受到強烈的搖動。

儒家主要以忠爲教，多方面教導對於特定的個人、上司、尊長的忠誠心。但是共產主義相較於對父母的親，更教導對毛澤東主席的親，一元地教育著對中央集權國家、共產主義和對黨的忠誠。

從西歐文明的東漸開始，不只是日本，整個東洋社會傳統的倫理開始動搖變質。尤其首當其衝者，是作爲東洋倫理主要支柱的儒教倫理，其中又應該是作爲其核心的「忠孝」德目吧！

十一、忠孝是縱向的奴婢倫理

支撐著所謂「四維八德」的儒家倫理的中心德目是「忠孝」。「忠孝」是規定上下主從關係的德目，純然只有義務而沒有權利的服從思想。

作爲四維八德的中心德目的忠孝，是維持原本封建體制之道德價值體系的支柱。忠孝不是約束君臣、主從、親子間的權利與義務關係的東西，而是規定著君臣、主從、親子間之下對上的單方絕對服從的奉仕關係。存在的是雖有義務，卻無權利的純然的絕對服從，是異議申辯之行使不受容許之單方的倫理。

誠然，作爲絕對服從的對象，任何程度的暴君也好，殘虐的主人也好，頑迷的父母也好，只問下對上的絕對服從，此爲忠孝的倫理規範。

如此一來，在所謂忠孝的美德之名下，以家族爲基礎，君主爲頂點的金字塔獨裁的縱向支配體系於焉成立。

忠臣、孝子的美談，在歷史上一方面大幅地被例舉，然而，在容認君主與父母之橫暴的忠孝思想中，不可勝數的悲劇卻潛藏在美談的暗處裡。

爲了對萬民施以孝道之教，儘管各式各樣的教材被使用，但最廣爲普及者是「二十四孝圖」。藉木版而大量被印刷，就像不識字的人，對於什麼是「孝」也能理解那樣，而雖然有把代表的故事放在二十四幅的插圖來描述的狀況，實際上卻有相當多荒唐無稽的故事。

例如晉朝王祥的故事。由於繼母在冬天說想要吃魚，王祥便裸身臥冰求鯉，這被稱爲盡孝道。其他也有爲了醫治父母的病而把自己的大腿肉切給父母吃，或者，所謂奉獻肝臟和腦漿的荒誕故事也相當多。另外，爲了安排父親的喪事，由於錢不夠，女兒便賣身籌錢葬父。飢饉時，母親將自己的孩子殺而食之，挖掘地面想將亡骸埋入時，卻出現黃金等等的故事。這就是以世界第一來自我標榜的中華文化和文明的理性嗎？

小時候，聽到這些「二十四孝圖」故事的中國近代文學之父魯迅，看到滿頭白髮的祖母時感到很害怕，據說有著「爲了祖母，自己可能保不住性命」這樣的擔心。

把自己的肉、肝臟及腦髓讓給雙親和親族食用的軼事，也出現在《唐書》、《宋史》裡，在作爲唐以後之正史的〈孝友列傳〉和〈義女列傳〉中，有一百多個例子被刊載。政府獎勵如此荒唐無稽的孝道，行孝者得謁見天子、收到土地的賜與，以及受贈禮部尚書（文部大臣）的詩等等。亦即獎勵此等獵奇的「孝行」。「二十四孝圖」雖然也傳來了日本，但由於是「忠」相較於「孝」被視爲優先的社會，所以見不到像中國和朝鮮那樣的奇行。

在中國還被當成美德象徵的荒唐無稽的二十四孝故事，不僅違反人權宣言，連在民法上也應該不會被允許吧！此外，如果殉死成爲忠臣的驕傲，以至於賣身成爲孝女的模範的話，忠孝已經不是支配者支配人的一生而已，可以理解的是，即便死後其支配還能無限地延長下去。有如「吃人與禮教」（所謂吃人時竭盡禮節的學說。五四運動期間，其正當與否由吳虞所提出），即便吃人連忠節也能盡守，在這樣的事情上，也被表彰爲美德。

讓「孝」的概念根植於民眾並藉此而治天下的中國社會，極端地擴大了所謂「孝」的思考方式，太過強調「萬善孝爲先」而產生出各式各樣的弊病。

結果，所謂讓年長者生命最優先的「孝」的儒教倫理，在人口爆發而膨脹到十三億人的現在，由於一胎化政策而產生逆轉。無論在任何事情上，小孩都成爲最優先的對象，父母爲孩子的學習而費心，練習鋼琴時隨侍在側，連父母也被捲入其中時，變成像在服侍獨生子女那樣的狀況。

在中國，只要提起「百子千孫」時，子孫滿堂加上富貴和長壽則被視爲擁有最高的幸福。但是，今天卻逆其道而行，果眞是有史以來的價値大逆轉。我覺得「孝的崩壞」所引發的反動是相當大的。

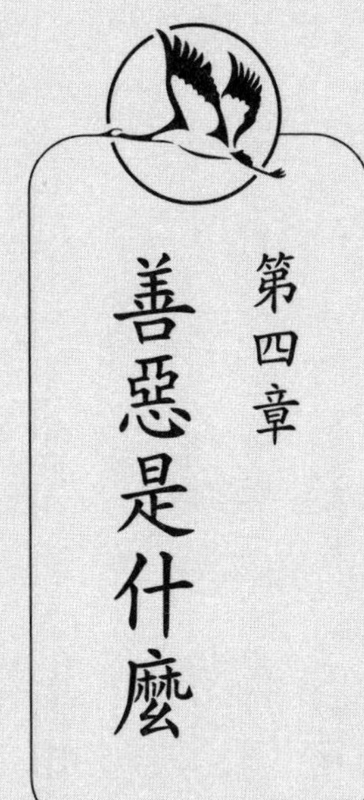

第四章 善惡是什麼

一、台灣的日本語族也喜愛的西田哲學

在我所度過的學生時代的一九六〇年代，當時流行的是馬克思主義哲學，然後是實存主義。對於在米國成爲主流的實用主義卻乏人問津。

台灣的李登輝前總統算是西田哲學的愛好者吧！在二〇〇五年的元旦前後訪日之時，他與孫女一起去了位於金澤的西田幾多郎紀念館，對於哲人發表了談話。不限於李登輝，同年代的台灣知識人大致上有愛好西田哲學的傾向。一九六〇年代一起從事反國民黨政府運動、年齡比我大上一輪的前輩們，經常談論著西田哲學的故事。這方面恐怕是舊制高校、大學的學風所致。那個時代西田哲學是人氣主流。但是在當時，對我來說，比實存哲學更高的西田哲學極度難解。不僅文句相當長，所使用的用語也難以理解，這點我深有所感。

作爲西田幾多郎的名著而最常被研讀的是他的處女作《善的研究》。我也和諸前輩同樣地以此爲入門書而學習之，我想是因爲受到年幼以來儒教倫理的影響。也就是說，是因爲在當時不懂超越善惡的價值之存在的緣故。以善之爲善爲最高的價值。在儒教方面，最重要的經書不只是「四書」（《大學》、《中庸》、《論語》、《孟子》），自宋代以

來傳到現代的的啓蒙書《三字經》也好，《人生必讀》（處世教養書）也好，善是最高的價值和社會的規範。

西田幾多郎從金澤的第四高等學校中途退學以後，直到就任四高講師爲止的六年間，經歷了老家破產等等的苦難時期。不知是否在這個時代感受到人生的悲哀的緣故，在四高得到教師之職開始，直到《善的研究》之構想完成爲止的十年間，他投入到坐禪當中。如此二十年間的坐禪經驗，刻劃出作爲《善的研究》之中心思想的「純粹經驗」之內容。

根據西田之見，眞善美成爲所謂「根據純粹經驗而被把握的知性的事物」。換句話說，在所謂「主觀的」和「客觀的」想法以及從知情意種種的觀點而來的想法之上，便有所謂的「眞善美之被感得是不可能的」這種理解。

對於西田幾多郎的《善的研究》，甚至在作爲弟子的中村雄二郎在其《惡的哲學附註》（岩波書店）中也指出：「作爲嚴密意義下的『善的研究』不能是理由。儘管如此，作爲理想主義（idealism）的哲學，卻曾具有相當大的影響。」

十七世紀的猶太系荷蘭人哲學者斯賓諾莎（Spinoza），以有益或無益的觀念爲基準，讓善惡的觀念依其成立的三個階段分成自然的善惡、道德的善惡、宗教的善惡。進一步又把這些稱爲個人的、社會的、相對的善惡，以及善惡概念消失後的「絕對的善惡」。

西田在《善的研究》那裡，對於善的定義將其規定爲人格的實現，亦即人格的發展和完成。西田的善惡觀近於斯賓諾莎的理論，也設想三個種類和階段之存在。斯賓諾莎在善惡的觀念與作爲個體的現實本質的「努力」之觀念的關連中思考，與此相對，西田在其與「純粹經驗」的關連上思考。

西田的「善的研究」批判地分析了各學派的倫理觀，在其之上，說明獨自的倫理道德觀。西田在意識的直接經驗中求取倫理的價值判斷，眞理的基準也在意識內的必然性中存在，善的根本基準也必須在此處求得，此爲其之所思。因此，西田爲善做定義如下：

「善成爲所謂我們的內面欲求，亦即理想的實現，換言之，意志的發展和完成等事例。」「如果善作爲理想的實現，要求的滿足的話，被稱爲這項要求、理想的東西是從何而起的呢？善是什麼樣性質的東西呢？意思（意志思惟）是意識最深處的統一作用，亦即由自己本身的活動所出而成爲意志之原因的本來要求或理想，簡要而論，是從自己本身的性質中所生起的東西。亦即，若說是自己的力量之存在，也是可以的。」「善可以說是自己發展完成的存在這件事。」「由於善被稱爲滿足自己內面之要求的東西，而因爲自己最大的要求是意識的根本的統一力，亦即人格的要求。所謂對其予以滿足之事亦即人格的實現，對我們來說，是絕對的善。」

二、造成新舊文化融合的道德觀之變遷

善惡的價值判斷，受其社會固有文化的影響極爲強烈。根據宗教和由其所派生的倫理觀，存在著全然相異的善惡之概念。在同個民族，在小型社會中，或基於個人的思想和立場、理想等，何者作爲善，何者作爲惡，也存在相異的見解。

所謂「七年，男女不同席」的《禮記》之教，不至於被稱爲惡，但在價值觀不變的現代，視同席爲惡的人，應該是少數派吧！

尤其，在像日本這樣，對外來文化非常積極地接受的國家，價值觀的變化尤爲快速。而且，在日本所處的時代，儘管新的文化進來，卻不會排斥以前的文化，幾乎是新舊文化共存的狀況。

在古代以來持續著的信仰方面，佛教在經由中國傳進來之初，掌管神之信仰的物部

氏，和試圖把佛教置於國家中心的蘇我氏之間，雖然存在著對立，其後在日本的社會，神、佛共存，在所有人那裡無差別地被信仰。而在今日，大部分的日本人在神宮參拜和七五三等等時，向神明祈求成長；在結婚之時，對耶穌基督做神聖之誓；在喪禮上，向佛誓願往生極樂。在這些事例上，什麼矛盾也沒感覺到而生活著。日本的文化持有多樣性和重層性，與其他諸國相比，價值判斷的基準也相當多樣。

那麼，讓我們通過日本的歷史看一下每個時代的價值基準的變易吧！根據國史學者平泉澄，日本人的精神在每個時代以如下的價值爲基準，而在包容中進行著改變：

古代（大和）——自然神道的純
上代（飛鳥）——造形美術的美
中世（鎌倉、室町）——佛教的聖
近世（安土、桃山、江戶）——儒教的善
近代（明治以後）——科學的眞

到達近世，即便所謂「善」的價值基準初登場，但在近世，對倫理的關心實際上並沒有在層次上比較高。德川幕府為了管理民眾而從強調儒學開始，社會道德談得沸沸揚揚的社會便出現了。

倫理的價值觀遠從飛鳥時代就作為國家的綱領，為聖德太子在憲法第十七條中所歌頌。聖德太子對儒學的造詣與對中國的佛經一樣相當深，將此等的教示編入憲法第十七條中。在此處，極為明晰的，聖德太子之思想被明文化了。

「懲惡勸善是古代良好的典範。藉此，不存在人的善被隱藏之事，見惡則必匡正之。那些諂媚詐偽者是顛覆國家之利器，滅絕人民的鋒刃。又奸佞阿諛者，見上則和顏，對下指責其過；在下屬前則誹謗上司。這樣的人，皆對君無忠，對民無仁。是大亂之本源。」

聖德太子有高遠的理想，替民眾訂定了善和惡的基準。

三、人類永遠的課題

康德認為，在「善意志」（良心之聲）之外，世界上沒有被稱為「善」的存在。康德所說的「善意志」是尊重義務和道德法則這件事。以尊重義務和道德法則這件事為根據，才有抑制我意（自負心）和我欲（自愛心）的這件事。康德從人的內心開始而探求善，因而在結果上不得不認可「道德和幸福的一致」之要求。在此處，也可見到他所說的最高善。然而，「善意志」最終是否爲唯一的善？出於善意志的東西是否全都是善？必須加以檢討。

在語言上，無論是英語、法語或是德語，「善」皆指涉「有利的」、「貴重的」、「有價値的東西」。蘇格拉底認爲「善」是「對眞的見識和洞察」，是作爲促成健康和幸福的東西。古希臘的善與美是同一的概念，被稱爲「美善」。柏拉圖將善思考爲有用、有益、風紀、名譽、權勢、快樂。從善的理念（idea／善自體）妥善引導出來的東西全部被稱爲善。而善的理念最終則返回一。於是將此思想爲構成宇宙的原理，人的道德之根源。與孔子「吾道一以貫之」的思想相同。

亞里斯多德批判柏拉圖的善。他說：「理性也是善，有用也是善，雖然這麼說，但是學者所謂的善和木匠所謂的善，明顯是不同的東西。若持一善便將修身之事證明『已爲善』，如此之事在世界上不可能存在。」亞里斯多德把善和幸福結合在一起，而古希臘羅馬的四大學派之一的斯多葛學派，則把名譽、健康等等一切的外在幸福從善的領域內排除出去。

英國的經濟學者中，哲學者約翰．彌爾（John Stuart Mill）認爲，「對人來說，快樂的質由於多樣化而不同，欲求也因著各式各樣的能力而被決定」，區分蘇格拉底的幸福和豬的幸福，同時把善和快樂看成同一件事情，並予以數量化。

社會主義思想不從良心的呼求和對神的信仰、對宗教的歸依來求取「善」，而是從社會變革中追求個人的利益和幸福。馬克思主義從人的階級地位和經濟關係中求取善惡的觀念，主張從榨取中解放出來。

在中國，有所謂的三綱（君臣、父子、夫婦的秩序）、四維（禮、義、廉、恥）、五倫（父子有親、君臣有義、夫婦有別、長幼有序、朋友有信）、八德（忠、孝、仁、愛、信、義、和、平）之傳統的倫理規範。在希臘有智慧、勇氣、節制、正義，在基督宗教有信仰、希望、愛、思慮、正義、剛毅、節度等七德，而在佛教有不殺生、不偷盜、不邪淫、不妄語、不綺語、不惡口、不兩舌、不慳貪、不瞋恚、不邪見等十善。

道德的善惡有如此多種多樣的事物，複雜而富含變化。在人間的欲望、感情的多樣性之上，誘惑人間的惡相當多樣，所追求的善也相當多樣。即便不是如英國的哲學者G. E.摩爾所言的「善是無法被定義的東西」，然而我認爲至少爲善下定義是件困難的事。

人生如果沒有極度的歡喜，也就沒有極度的煩惱。因此，至善和極惡非道無非是幻想，這樣的想法也絕不是奇怪的事情吧！

四、日本社會所定義的惡的範圍

善惡在大致的狀況下，是根據超感覺的或先入爲主的東西所下的判斷。例如，來自父母的教導、習俗、傳統文化、社會的現存體制等等，都成爲判斷的基準。在英語和德語、法語方面，被稱爲惡的單字片語含有所謂的「有害的」、「劣等」的意味。惡不僅指向人的意志和行爲，也包含疾病、天災等等的自然現象，乃至於政治、法律、制度也包含在內。在原始的時代，所謂的惡魔、惡女、惡靈等超人間的東西成爲「惡」的象徵。惡的範圍涵蓋「害惡」、「罪惡」、「惡德」、「劣惡」、「醜惡」等等各式各樣的存在。雖然也有道德的意味，也有隸屬於美學層次的東西。

根據最古老的、依據部首劃分的漢字字典《說文解字》，「惡」被定義成「爲過」，在《通論》中，則是「有心而惡謂之惡，無心而惡謂之過」。惡不僅只是倫理的判斷，生理的、心理的惡的概念也隸屬之。「惡香」、「惡相」、「惡露」（佛教用語下的不淨）、「惡趣」（即苦境、惡道）等等亦是。在諸惡之中，重大的事物被稱爲「罪」。

惡比起過更重，罪比起惡又更重。若依數學公式來表述，則是所謂的過＜惡＜罪吧！

在日本，也有效率不佳被看成是「惡」的狀況。例如，在性情不定的人那裡，無法配合群體動向的小孩便成爲苛責的對象。在像公司那樣的集團組織中，雖然只是失敗，卻被認爲是背離群體的「惡」。這點可說是把從集團逸脫的「個」體看成是惡的傾向。

在佛教中，殺生、竊盜、邪淫、妄語被稱爲「四惡」，加上飲酒則是「五惡」。對五惡之規諫是爲「五戒」。再者，具體方面，「身、口、意」的三項機能被稱爲「三業」，殺生、竊盜、邪淫被稱爲「身三」，妄語、綺語、惡口、兩舌爲「口四」，貪欲、瞋恚、愚痴則爲「意三」。身三、口四、意三合起來爲「十惡」。「十惡」是相對於「十善」的東西。意三的貪欲、瞋恚、愚痴是讓惡加深的根源，被稱爲「三毒」。萬惡的根源即是一切煩惱的根源。南方佛教由於嫌忌隱蔽之事，因而「隱瞞」、「淫滅」被稱爲惡。

惡不得見，亦不能聽聞，雖然有如此的抽象概念，對於其之根源和本質，自古以來，無疑作爲哲學上的永恆課題而被探究開來。但是，「穢」和「邪道」、「鐵石心腸」（不受外在影響的堅定之心）結果應該成爲惡嗎？我認爲僅以抽象的言詞來表現是相當困難的事。

對於「惡是什麼」，以最獨特的觀點把事物隱蔽的側面挖掘出來的，是米國的作家安布羅斯·比爾斯的《惡魔的辭典》。是對於惡的諸相，「惡人」、「惡黨」，以至於作爲「惡」的體現者的「惡魔」、「惡鬼」、「惡疫」予以描述的、有特色的「惡」的解析辭書。

古希臘人雖然有「穢」的意識，卻沒有「罪」的意識。「罪」是猶太人所固有的精神意識。基督宗教從「原罪」意識，佛教從「業」的觀念出發，試圖臨近惡的根源和本質。

五、佛教明快的善惡判斷基準

善惡的判斷基準，其開展非常分歧。基於良心，基於理想和目的等等各式各樣的爭辯存在著。從所謂應該以最大多數的最大幸福爲基準的功利主義者之「數的邏輯」之主張起，到無概念規定而曖昧的儒家倫理之仁義道德爲止，究竟在如何表述的基準上來判斷善惡才是好的呢？實際上是複雜的問題。

什麼是善，什麼是惡呢？善惡的分界隨時代而改變。基於環境的變化、價值觀的變化，善惡的判斷變得愈益困難，最後，以個人的利益和集團的利益爲基準的判斷變成主流。

在佛教中，行「十不善」者，爲「惡人」，勸誘他人讓其行「十不善」者，是「惡人以下的惡人」。行「十善」者爲善人，以自己行「十善」爲基礎，又對他人勸行「十善」者，是「善人以上的善人」。所謂如此簡單明瞭的基準在其中被設定。

在佛教中，極惡的行爲是「五逆」和誹謗正法（純正的教示）。五逆是殺父之事、殺母之事、殺聖者之事、中傷佛陀之事、破壞教團之事。誹謗正法之事即是誹謗眞理之事。對五逆和誹謗的懲罰是「無間業」，亦即落入無間地獄。

法然爲了拯救破戒和無戒之法而頌揚阿彌陀佛的慈悲。如此之法然其後繼者親鸞，倡導惡人本身相對於善人更能夠成佛之「惡人正機說」。

親鸞認爲，人藉著意志力不能壓抑自己的內心。心既是無善無惡的，也不能生出善惡。但是，由於心根受「業緣」所制御，善人不會憑著自己的意思和努力而被產生出來。並且「善人」經常擔負著變成「惡人」的可能性。

人在起初，是在內心上有著潛在不誠實的存在。因此，惡的自覺是根據所謂「從周遭來看如何呢？」的他覺而開始成立的。因而，在超越善惡而達到至善的這方面，除了對善惡二元論予以否定的念佛之道以外便沒有別的了。

親鸞死後，在綜合其教示的《歎異抄》中，「善人尚能成就往生，何況是惡人呢？然而，世間的人常說，惡人尚且往生，何況是善人呢？」「爲了促成惡人成佛，仰賴他力而誓願往生的惡人，尤其成爲往生的正因。藉此，善人尚得往生，何況惡人呢？對其往生尤應仰而候之。」

親鸞所說的「惡人」，是指持有煩惱而生活著的眞實之人的方面；「善人」則表現得宛如人上之人，就好像憑自力修養就能斷絕一切那樣的人，也就是僞善者之流。

其師法然曾說：「罪人尚得以產生，何況是善人呢？」其認爲宗教是以惡人爲對象的事務，以此爲目的才是宗教。因此他說：「極惡之人儘管誦念阿彌陀佛之名吧！」只管誦念阿彌陀佛之名，藉此而得到阿彌陀佛的本願，藉由此力便可能往極樂世界那裡去。

世間的善惡觀，是主觀相對的、受時代和環境所左右的東西。自己認爲是善的這件事，別人不見得也認爲是善。在我看來，資本主義國家的善惡觀和社會主義國家的善惡觀，其不同之處也相當多。善惡的判斷基準有千差萬別。曾爲人類救星之人物，也有轉瞬間變成極惡非道的大惡之人這樣的事例。這個傾向近年來愈益顯著。名人、偉人、聖賢的「賞味期限」有愈來愈短的傾向。

善惡觀會因人、因環境、因時代而變化。因此，對善惡的認識，只從其一面來捕捉的話便不夠充分。倘若僅固執於性善說和性惡說的話，便無法得知善惡的本質。

此處，在思考日本人的善惡觀的基礎上，我們試著以一位應該受注目的人物，即作爲近世初期的思想家的禪僧鈴木正三爲例來說明。

鈴木正三在佛教徒與儒教徒一貫地主張貧樂的時代裡，以「貧樂爲惡，福樂善存」之反論對之，相對於義而強調利。對受污染之善（有漏善）和無污染之善（無漏善）做二分，爲了眾人的利益而精進自己的事業，在這件事上體得無污染的善之時，必須以獨步於乾坤（天與地）爲目的，以此爲佛教徒的商人倫理而論說之。

佛教思想和儒教思想之「利與善」的思考、鈴木正三的思想，以及明治初期的陸奧宗光外相所指示的「對邊沁的功利主義和傳統的儒教之不同處的考察」，在我看來，其所啓發的地方相當多，不是這樣嗎？

六、日本人以美、中國人以善爲最高的價値

一般來說，盜竊是惡的。但在西歐羅馬的吉普賽人看來，這件事是敬奉神明的當爲之事，或毋寧正是使命。對日本人來說，「說謊是當小偷的開始」；在中國的《孫吳兵法》中，則毋寧稱讚「兵者，詭道也」和欺敵之事。

確實盜竊是惡的，然而，在四字俗諺中出現的「雞鳴狗盜」，其故事毋寧讓人印象深刻：被秦昭襄王亡命追殺的齊國的孟嘗君，受到像狗一樣敏捷的小偷和擅於模仿的食客的幫助而倖免於難，從這個故事來看，所謂「人就看怎麼用」的意思之語詞就產生出來了。

誠然，善惡的概念會根據文化、文明和民族、宗教而改變，但在其中，也能夠見到共通的東西。在中國，「勝者爲君，敗者爲賊」；在日本也有「勝者官軍，敗者賊軍」的說法，總之，是根據勝敗來對善惡做評價。因此，雖然微小的盜竊是惡的，但若盜國的話，就成爲天子，或者說，成爲眞正承受天命的「眞命天子」（成爲皇帝這件事受命運所決定者）。若對此賦予理論的話，則是「易姓革命」，以及屬於陰陽五行之預言的「讖緯說」。

中國史上最極惡非道的大惡人，如唐末的黃巢和明末的李自成，從進入到人民共和國政權開始，一躍而逆轉為農民革命的英雄，以至於歷史紀念館和博物館被設立。由於是中國人之所為，這件事在這裡便沒問題。但是，無論如何「以歷史為鑑」、「正確地認識歷史」，對日本強加中國的主張是說不過去的。畢竟中國人似乎是不以歷史為鑑的民族吧！

儒教思想的勸善懲惡在其他世界不能通用，由於連在儒教國家或被稱為其文化圈的各國，善惡的概念也呈現出混沌的狀態。在民族方面，有各式各樣的民族，民族若不同，價值觀或世界觀也跟著不同。中國人以善，西洋人以眞，印度人以聖為最高的價值。所謂「對日本人來說的最高價值是美」這件事，雖然多少有一些爭議，但卻是廣為知悉的事情。在我看來，我也認為是如此沒錯。這點是半世紀以來在日本的生活之中，在這裡實際感受到的事情。

日本人的內心深處時常是以「清明性」和「潔淨性」為最高的價值。在這裡，日本人看出了美。這件事如果見諸歷史上的人物的話，也會得到首肯，特別在武士道中被恰當地表現出來。對今天的日本人來說，「潔淨性」仍舊是有魅力的，毋庸置疑是作為最像日本人的稟賦而被評價的事物。

日本人的「潔淨性」若出於日本人之所爲的話，已經超越了眞和善，甚至能被看到它「止揚著」（aufheben）眞善美。繼而這個所謂的「潔淨性」的美的感覺或心情，成爲日本人的精神構造之核心，並構築著優美的日本國。

這方面也是評論家福田恆存所陳述的看法。福田表述：「日本人的道德觀之根柢是美觀。而這個美觀之最低限度所表現出來的原理是所謂的無污之事，這點又得以成爲最高的原理。」（《日本考察》，文春文庫）江戶時代的國學者們，大多數也認爲美和「像和歌那樣的文學」超越善的存在。

在中國文化方面，無論在儒教或在道教，都缺乏美的感性。這是因爲缺少對污穢的避忌。儒教雖「敬鬼神而遠之」，但對污穢卻不敬遠。因此，似乎美的意識也產生不出來。

七、孟子的性善說和荀子的性惡說

我從中學生的時候開始，對於世界上的許多方面與同儕進行爭辯。諸如所謂「人的本性是善還是惡」、「時代造英雄，還是英雄造時代」之類有如「先有蛋還是先有雞」

那樣無結論的「二律背反」被不斷論辯著。對於人的本性是善還是惡的議論，是已經從數千年前開始被延續下來的討論。這方面不妨說是「二者擇一」論之愚蠢，或思考力之界限。

在同時包含日本在內的漢字文化圈中，對於社會的倫理規範給予最大影響的是孟子的性善說和荀子的性惡說。是直到現在爲止仍懸而未決的大議論。

對於善惡的起源和善惡的本質的議論，無論人的本性在於哪一方，至少有所謂善惡存在於人的本性上如此之前提是成立的。

孟子接受從《詩經》的〈大雅蒸民〉篇所導出的性善說，主張人性是善的。

○人若見他人之悲，始終保有不能視而不見的「惻隱」（憐憫、同情心）之情。

○爲惡之時，保有對此感到羞恥的「羞惡」之心。

○在各個方面與人競爭時，會湧現謙讓的「辭讓」之情。

○哪方是善，哪方是惡，不追問如此的「是非」問題者不存在。

孟子乍見這般的人間樣態，便認爲本性爲善。因而，「惻隱」的感情是「仁」，「羞惡」是「義」，「辭讓」之情是「禮」，窮究「是非」之心是「智」。在人方面，被認爲有這樣的仁、義、禮、智四項本性。這就是孟子的「四端說」。

但是，孟子的性善說，一方面對惡的定義曖昧不明，對於惡之根源的說明也不完全。惡繫於所謂「純然強調本來是善的本性，由於欲望的緣故而被遮蔽」的單面性上，此處不得不說在合理性上有所欠缺。

善惡之評價因人而異。因此，雖然八五郎評價爲惡，熊五郎卻判斷爲善。做客觀評價的第三者因而成爲必要。

此處，對荀子來說，不是以人，而是以作爲超越神的「天」或「天命」爲決定善惡之基準的存在。以此爲基礎，荀子認爲人的本性是惡的，把善視爲僞。

○在人的本來的性質方面，生而有憎惡之心，如此地行動的話，會做出加害他人那樣的行爲，失去眞心和誠實。

○在人的本來的性質方面，有所謂生而想看、想聽美的事物的欲望和喜好音樂、美色的傾向。如此行動的話，偏離人之道的行爲橫行，禮、義和條理因而消滅。

因此，荀子將人的爲惡視爲出於欲望的緣故。若就此朝向順從欲望的感情而行動的話，必然生出爭奪，條理受侵犯而失序，而造成秩序崩壞的結果。於是，若有合宜的導引之手以及基於禮和義而來的教育的話，遠慮的心便開始產生，若合乎條理而爲，世間便得以爲治。這點是荀子的思考方式。相對於孟子將禮和義視爲由自身中所產生之物，荀子則主張若有禮和義的教育這件事，則善得以生出。根據荀子的思考方式，善是屬於結果的東西。

在佛教方面，如果依據「宿業說」的話，人的爲惡是出於前世的業，於是將此視爲「運命」。其主張作惡是屬於前世行爲之結果的東西。儘管人的本性是惡這件事不是理由，但在人世間若是以任誰都承受著業爲前提，可說在性惡說上站得住腳。

善惡哪一方是人的本性呢？在中國是數千年來不斷被提問的問題。孟子、荀子之外，還有告子的「不善說」，揚雄的「善惡情惡說」，韓愈的「人性上中下三品說」等等。

八、席捲東西方的善惡論爭

關於人的本性，即便存在有如現在所見的性善說、性惡說，然而善惡到底是什麼呢？在基督宗教出現以前，古希臘的哲學者亞里斯多德將惡定義為從無知而來的東西，藉由為善之事而能將其克服。

西元四世紀的神學者中，哲學者奧古斯丁在其自傳《告白》（*Confessiones*）中，把惡視為善的欠缺。對基督宗教的教徒們來說，如果神創造這個世界能成立的話，那麼，對於這個世界上惡的存在這件事，必須定義其與神如何關連。此處，對基督宗教的教徒而言，其認定與神的意志無關連，人有自由意志，為惡或為善，是出於人的自由意志。對於奧古斯丁所說的「善的欠缺」，其認為善之不為也是因為人有自由意志的緣故。這個思考方式在基督宗教的教徒間長久以來都受到支持。

西洋的哲學者和思想家們，在和神之存在的關係中討論善與惡的問題。康德對於此點所採取的立場是：一方面人有根本惡，但由於是保有自由意志的存在者，爲了讓道德得以被遵守，神的存在成爲必要。

在佛教方面，人之所以爲惡，貪欲、瞋怒、愚痴是其原因。這些被稱爲「三不善根」。此外，這裡所謂的愚痴，是因爲欠缺智慧而迷失其心，其所指涉的是：對於各式各樣的事物缺乏正確的判斷。繼而，與亞里斯多德所說的無知有共通之處。如此的「三不善根」與康德所謂的「根本惡」也有相似之處。

再者，中國明代的儒學者王陽明，相對於朱子學所倡導的、所謂性從屬於理的「性即理」，提倡「心即理」。所謂的「心即理」在於：性與情相合而成的渾然一體的心是如是之理，而後將如此之心名之爲「良知」。此後提倡「知行合一」的哲學，人有天生而來的「良知」。良知是判斷善惡、抑制人的欲望、正其不正而意欲行善的東西，以此爲其定義。王陽明重視人的主觀性，強調善惡判斷的主體性。

進入近代之後，在西洋興起經驗論和唯物論，把善惡的根源從神的存在處切離，將重點置於人的先天性和自然性上，以期洞見善惡之根源。把人想成是一張白紙，與成長同時，藉著經驗的累積，變成像對善和惡做價值判斷那樣，而開始重視其與社會之關係。亦即善惡的概念受環境所左右，成爲被思考成不是絕對的東西而是相對的東西那樣的狀況。

原爲荷蘭人，後移居英國的社會思想家伯納德．曼德維爾（Bernard Mandeville）在其諷刺小說《蜜蜂的寓言：私惡即公益》中，至此爲止被認爲不好的惡德，例如奢侈、貪欲、嫉妒等等，被闡述爲造成社會進步的現實狀況。在資本主義社會臨在的英國，打開全新的倫理道德的議論之端緒。而後，英國的思想家霍布斯也主張「人之欲望並非惡物」，無欲望的事情本身才是惡的，禁欲主義的道德本身也是如此，此爲他所批判之點。

接下來，馬克思主義開始抬頭。馬克思主義從社會生活和歷史條件來捕捉人間，善惡的觀念也從新的視點被考察。現代社會之惡的根源，成爲對人的支配與榨取，只憑道德教育無法根絕如此的惡，因此之故，以社會革命爲必要而主張革命。

在十九世紀也展現出所謂精神分析的新的分野。弗洛伊德探究人的深層意識。他主張在深層意識中，潛藏著關於性的、孩童的以及非道德的心理。相對於此，榮格提出反論而主張心理深層所潛藏的是「叡智」。如果以佛教的概念來討論這兩人對人之深層意識的潛藏狀態所下的定義，那麼弗洛伊德所指出的意識是「阿賴耶識」，榮格所指出的是「如來藏」的思想。

「阿賴耶識」是對於所有事物的思念及深層意識之事物。在人方面，以所謂「司見」和「司聞」的「眼識」和「耳識」爲開始有八識，其中最根本的意識爲「阿賴耶識」。「如來藏」的思想以佛和眾生具備共同的思想爲思考方式，而提倡「一切眾生皆有佛性」和「草木國土悉皆成佛」。是主張人的本性中有善的事物或佛性的思想。

人的深層意識中，潛藏著什麼呢？英國的哲學者G.E.摩爾認爲，善是無法被定義的事物，他也說，「把善解釋爲任何事物的這件事本身就是一種錯誤」。

儘管有善和惡永遠無法被定義的說法，但「善是什麼，惡是什麼」若經常被問到，那麼這件事對人們來說的確是必要之事。這件事本身之所以能被確認爲人間之事，是因爲持有悟性（思考的能力）的人們有得以行之的內省能力，或有理性的意志的緣故。

九、以仁義作爲最高善的社會

從我小學時代開始，用所謂「仁」和「義」等字作爲名字的同學和玩伴幾乎數不完。以日本人的名字爲例，過去的人不用說，甚至現在以「仁」和「義」所作成的名字也一如既往，似乎廣受喜愛。儒教思想的傳統倫理如何徹底地在東洋社會的深層中扎根，這方面有待探究。

在日本人的傳統價值觀中，「義理人情」和「恩」是極度深刻地關係到日本傳統文化的東西，是有強烈日本色彩的價值觀。相對這點，如果聽聞仁義道德的主張，或在論說的文章中，這樣的文字映入眼簾之時，在感受上總覺得很遙遠，有好像什麼地方被騙那樣的印象。

這方面，是因爲仁義與其說是所謂的儒家倫理，毋寧是和漢字文化一起傳到日本來的外來價值，或異質的文化。簡單地講，就是舶來品。誠然，不光只有這樣的理由。在此之上，應該是基於所謂的「仁義」究竟以什麼爲定義的這件事相當困難的緣故這點吧！

因此，在聖德太子的時代，替代「仁」而強調「和」。也在朱子學傳入到日本的時候，在所謂仁、義、禮、智、信的人倫（五常）中，江戶的儒學者排除了「仁」之德目，只讓「義、禮、智、信」存留下來。

上述是因爲在《論語》中，所謂「仁」這個字，即便出現過一百零五次，然而仁以什麼爲定義仍不明確的緣故。連作爲教祖的孔子本身也說這說那，最後仍曖昧不明。因此，在中國人之間，由於所陳述的東西基於人之各式各樣的期待和看法，若出現意見相違以及固執各自的獨善和偏見時，經常稱爲「見仁見智」。這意味著所謂關於仁的見解依憑人之各式各樣的見識這件事。

十、仁義是無概念規定的道義

在中國春秋戰國時代的諸子百家中，開始對各國的諸侯推銷「仁義」的道德思想是孔子之所爲。因而，首先成爲政經顧問，開設政經塾也是他之所爲。

關於上述，隨著古代中國的王朝進入春秋時代，作爲天下萬國盟主的周王室其力量徹底弱化，由於諸侯間的實力競爭變得激烈起來，富國強兵的思想如果不是因爲有市場性的話，就販售不了。

隨著進入春秋時代，周王和諸侯間的「禮」開始脫序。在這裡，孔子爲了避開左右兩極端的思想攻勢，便鼓吹以回歸周初期的封建社會爲理想的尚古、復古主義，主張克己復禮的「仁」道。

孔子在《論語》中再三強調的「仁」，成爲儒家的中心思想。但是，關於「仁」的概念，卻沒做出定義。有時候，稱仁之存在爲「正義」，有時候成爲「親切」、「孝順」。「克己復禮」、「愛人」、「恭、寬、信、敏、惠」等等也被提到。然而，「仁」是什麼呢？任何人都似懂非懂，總之，不十分明白。「仁」開始出現於《詩經》和《書經》等等中國的古代經典中。「不如叔也，洵美且仁」，「仁，有恩者也」[1]。此處所說的仁，有著所謂的僅僅單純出於百姓那方而期待恩惠那樣的意味。

但是，隨著進入孔子的時代，聽聞「仁者爲何」的孔子，答以「仁者愛人」。再者，以作爲「忠恕」來回答的狀況也有。「忠恕」是所謂的自身所嫌惡的東西不施予他人的這件事。仁被視爲全體的道德、最高的倫理。甚至天下統一也以「仁」爲之，把被說是「不仁」的管仲之統一天下的功績以「仁」來讚賞。

孟子主張「仁，人也」、「仁，人心也」、「惻隱之心，仁之端也」。唐朝的韓愈採取「博愛之謂仁」和墨子的「兼愛」（博愛）思想，顏之推的家訓爲「慈仁」，則接近佛教思想。

孔子重視「讀書」，討厭「實驗」和「考證」。其認爲思考是無益的，生活規範是從思想中不能得到的東西，不過是從書本中的「先例」所獲得的東西。總括來說，孔子是先驗主義者，反哲學、反思辨的「實用主義」（Pragmatism）的元祖。

然而，「仁」的具體內容、實踐的道德規範是什麼呢？

道德規範和仁究竟是什麼關係呢？

道德規範的知識在仁的規範中扮演什麼樣的角色呢？

若缺少仁與其在知識上的作用的明確說明，所謂的爲何「仁」成爲道德的根本這點，在《論語》中幾乎什麼說明也沒有。連應該將道德的基礎置於何處，也沒有說明清楚。

儒家的學問僅止於學習，儒家的任務也只貫徹於典籍的注釋。雖然兩千年以上的期間無非對注釋重複地加以注釋，然而仁是什麼還尚未被明確化，直到今日還持續被爭論著。

十一、對於仁義的論議和論爭

孟子藉著所謂的「惻隱之心」、「羞惡之心」、「辭讓之心」、「是非之心」的人

1 原文《禮記・喪服四制》：「仁者可以觀其愛焉。」鄭玄注：「仁，有恩者也。」；《禮記・禮器》：「宗廟之祭，仁之至也。」鄭玄注：「仁，恩也。」

情，試圖解釋仁、義、禮、智四德。它的存在是爲了抗衡楊朱的利己主義和墨子的博愛主義之兩種極端思想，其在當時有如被稱爲「楊朱、墨翟之言盈天下」那樣而風靡於世。

孔子所提倡的「仁」，孟子所提倡的「仁義」等等，認爲道德的根源是從人的內在所從出的自發的省察。相對於此，荀子的「禮」則是外在的強制。然而，相對於孔子人爲的「仁義禮智」之道，老子的道是包含自然法則的自由奔放之道，是超越無限的時間和空間的存在之道理。

根據孔子的思考，亂世的根源是從社會上的仁義道德之喪失而來的東西。因此，在導正亂世方面，被認爲必須再建仁義。

老子的思考與孔子完全逆反。他認爲「仁義道德」是社會騷亂的元凶。否定人爲的「仁義道德」而主張回歸自然的必要性。概括地說，所謂的「大道廢，有仁義；智慧出，有大僞；六親不和，有孝慈；國家昏亂，有忠臣。」成爲老子哲學的原論。這是仁義被產生出來的社會背景。

老子批判道德至上主義，視萬物的根源之眞理存在於自然中，並將此稱作「道」。如果拋棄美醜、善惡的區別，或即「絕聖棄智」的話，則民利成爲百倍。又主張所謂

「絕仁棄義，民復孝慈」的仁義之拋棄。

莊子指出，雖然盜人遭受死刑，但盜國者卻成爲君主。一旦成爲君主，便也被視爲變成了仁義道德兼具的有德者那樣。莊子認爲如此之人也正是能夠盜取仁義道德和聖人的智慧的人物。

墨子指出，孔子的「仁」，是差別的愛、社會爭亂的元凶。他認爲，爲了追求和平共存，超越階級和個人的人類之愛是必要的。主張「兼相愛，交相利」的博愛，倡導利他的精神。這是近似法蘭西革命的精神支柱之一的基督宗教精神的東西。最早稱許墨子這個「兼愛」精神的西洋人，是俄羅斯的文豪托爾斯泰。

唐朝的文人韓愈在主張「仁」時，接近墨子的博愛。宋朝的儒學者程頤所提倡的「仁」替換成「理」，「專言之仁」（包含著作爲「五常」的「仁義禮智信」中的「仁」以外的四項德目的「仁」）和「偏言之仁」（五常之內的「仁」爲限）被分別開來。

朱子的「仁」成爲心之德、愛之理。清末興起的戊戌維新，其主角之一的譚嗣同讓「仁」發展成「仁學」，廢除一切差別而提倡大同世界。在中國，雖然經過五四運動以及文革後期的孔子批判運動，而以全力持續摸索著新的社會主義道德，然而卻回歸到儒教思想。現代的儒學者李澤厚在其《孔子再評價》中，從血緣的基礎、眞理原則、人道主義、理想人格來探究作爲孔子思想的「仁學」。

在西洋文化中，雖然沒有所謂的「仁義」觀念，但中國社會自有史以來無非在追求仁義。然而，這樣的中國，卻成爲世界上戰亂興起最爲頻繁的社會，對同爲人類的人群之殺戮最爲激烈的社會，而這件事絕非偶然。老子指出人爲的「仁義」是社會爭亂的元凶，這點看來絕非單方面的逆說。

有如在山口察常博士《仁之研究》、竹內照夫博士《仁的古義之研究》所見到的那樣，即便是日本人，對「仁學」持有強烈興趣的學者也不少。但是，相較於這些人物，對我來說，提出最尖銳的批評，以及讓我感同身受的，是伊達政宗的家訓。對於所謂「過於仁，則懦弱；過於義，則頑固；過於勇，則暴虐暴走」的深刻的人間洞察，即是在儒家思想的倫理上，作爲無法被推到極致之義的「反題」（Antithese）。任何社會若沒有這樣的「反題」，傳統倫理將容易暴走。而經常被主觀主義意識附身、過於墨守「仁義」的社會，會失去對於變動的適應力和對競爭社會的對應力。

以《醜陋的中國人》而知名的台灣文壇大老柏楊，在其著書中，以「中國人的仁義只被寫在書本中，在社會上幾乎看不到」眞實又辛辣地批判中國道德。我與其對談當時，便採取伊達政宗的仁義道德觀，在探尋中國是否存在如此的超越性的倫理思想時，他以「沒有這樣的東西」這句發出驚嘆，而對日本戰國的武將其實踐的且純粹的道德批判讚嘆不已。（詳細方面請參照與筆者共著的《新醜陋的中國人》，光文社）

梁啓超對於中國人重視仁，缺少權利的精神而變成日日無氣力、無血氣的鈍感之人的狀況感到憂慮。如其所指出的，放棄自由精神的追求而等待天命的思想因而蔓延開來。

十二、無概念規定的義之德目經常是從屬的存在

與那些其他的四維八德相同的所謂「義」的倫理規範，也是非常空洞的事物之一。若問及義是什麼，在對此一問題的回答上不會躊躇不前的人應該沒有。這是因爲義的概念徘徊於分歧之間，據此，其內容便顯得空洞，「義」這個東西便難辨其義。

與「經禮三百，典禮三千」的禮有別，可見到義在其單一的中心概念中，似乎有形形色色不同的觀念被包含在內那樣。例如，與所謂「道」的概念結合時，成爲道義；與「德」結合時，成爲德義；與「禮」結合時，成爲禮義；與「理」結合時，成爲義理；與「勇」結合時，變成義勇。又與那些其他各式各樣的概念做結合時，則變成仁義、節

義、義俠及義烈等。

關於義的定義，自古以來，儒學者們大多曾論及。義經常關連到各種德目，與那些其他各種概念結合而相互依存融合。「義」這個東西的意義內容又是多義的東西。

此外，在四書之一的《中庸》，也有「義者，宜也」之說。若僅以「宜」來表述義，那麼，便是以非常漠然的方式來表現義。然而，究竟以什麼來言說「宜」，如果試著思考其意義的話，無論如何總是出於主觀的價値觀。自己對「宜」的想法與他人對「宜」的想法也是不同的東西。今日作爲「宜」，明日便不限爲「宜」。其定義因人、因時而有不同。經常易於陷入主觀，要獲得必然的客觀性的話相當困難。從如此的理由出發，若要爲義的行爲設定基準的話幾乎不可能。從這點出發似乎也可得知，所謂的義的倫理規範絕非超歷史的、絕對的東西，其始終是受所謂的時代所制約的東西，是作爲主觀的、民族的、階級的東西而存在。

假使，其爲「循理」，亦即成爲「循理之事」，行爲者自身受限於缺乏順應那個時代之狀況的知性，遵循所解釋的義理便成爲遵循傳統、遵循權威、遵循命令、遵循既成的秩序之事。

過去，在法或制度或道德或教育或禮方面，如果僅僅宣稱「義者，宜也」，假使社會本身改變的話，那麼義將必然經常地陷入時代的錯誤中。

此外，如果只談到主觀的、普遍的、形式的原則，那麼，如果談論到如何斷定「宜」的話，則完全無基準，也因人而異。另一方面，存在著肯定既存傳統秩序的體制，而倫理規範又經常以仕奉此體制爲目標，現實正處於這般宿命的支配之下。

義是抱持主觀主義之性格的上下支配的原理，隨之，也是肯定差別這點的原理。

「何謂仁義？父慈、子孝、兄良、弟恭、夫義、婦聽、長惠、幼順、君仁、臣忠，十者，謂之仁義。」（《禮記・禮運篇》）

就像從所謂「貴貴、尊尊、賢賢、老老、長長，義之倫也」（《荀子・大略篇》）的定義也能得知那樣，其也表達所謂的「人與人之間的差別之道成爲義」這件事。君臣、父子、夫婦、長幼、自他等等各式各樣的道存在時，對這些差別予以肯定的道，即是義。如果達到民族的層次，應該就是民族差別，極端地講，就是「人種隔離」（Apartheid）吧！

孟子在說義之時，與從兄、敬長同時，又規定「仁之於父子也，義之於君臣也」（《孟子・盡心下》），於此則稱其本身爲「人之道也」。亦即，義是君臣（主從）結合之原則，又成爲君臣離散之處的原則。由於所解釋的義理，或具體化君臣之義的東西不外就是君臣之禮，於是能生出諸如「貴貴、尊尊……」的倫理規範的東西，即是差別主義和權威主義。

誠然，這點也不過就是階級社會之反映下的一環。追求義的這點，就像與臣對君克盡忠義相同的那樣，實質上變成了所謂順從權威，也是順從傳統的這件事。

十三、二者擇一被經常迫使下的義

義是抑制人欲。若與順從天理的禁欲主義性格之持有相隨，則是做決斷經常被迫要二者擇一下的倫理。

「厚於仁者，薄於義」（《禮記．表記》）。仁和義不僅在時之推移中難以兩立，藉「見利思義」（《論語．憲問篇》）而壓抑欲望，必然和利對決。而遭逢關鍵時刻，或者有被迫於二者擇一的狀況時，以「大義滅親」（《左傳》）來壓抑親子間的私情關係，以義來切斷情感。或者以「殺身成仁，捨生取義」而否定自己的生，變成求死的犧牲主義。孔子在讓君子和小人做對比時，主張「君子喻於義，小人喻於利」（《論語．里仁篇》）。在此處，墨子則將義定義爲有利。基本上，最大多數的最大利益被視爲有義，這與邊沁等人的功利主義思想沒有多大區別。

孟子讓仁義和利鮮明地對立起來。這應該是考慮到孔子所主張的「仁」僅有一個字，因而思想之分析不完全，而在與當時楊朱的個人主義和墨翟的博愛主義的對抗中也不完備，讓義與仁分別開來才被強力地主張吧！

義的概念也依舊被漠然以對，而在各式各樣的意義內容下被解釋。

也如同從這樣的歷史所得知的那樣，義的出現比起禮和仁的誕生稍晚，其不過是中國春秋戰國時代所育成的歷史產物之一。這點若與禮相對時，便作爲上下、主從的倫理規範，作爲禮的下僕，這樣的角色被落實下來。

在歷史上，義若順從禮的規範時，作爲肯定封建社會的權威主義和傳統主義的人間社會的行動原理，便完成了所謂服侍支配體制的任務。此處，一旦近代的市民運動在中國社會萌芽，義在所謂「新生活運動」的精神復古運動之反潮流中，藉由所謂「正正當當的行爲」，亦即「正當的事情」的、非常不著邊際的空虛的詞語，而被定義成愚蠢可笑的東西。繼而，伴隨著世界史規模下的法西斯潮流之興起，其作爲「慷慷慨慨的犧牲」而被簡單的犧牲主義所純化。誠然，這點與其說是法西斯倫理的要求，不如說是出於義的思想之貧困才對吧！

日本容納由中國傳來的儒家思想及倫理觀，屢屢強調「義」的理念，《太平記》因而誕生。歸類於義的語彙據說也超過三百三十個。南北朝可說的確是「義」之氾濫的時代吧！進入江戶時代之際，即便在被視爲「士道」之教典的山鹿素行的《山鹿語類》中，「以義爲專」絲毫未變，「義」頻頻被強調著。

與有關儒學之「義」的傳統思考方式完全不同，和墨子「義與利」的看法接近的人物是皆川淇園。根據倡導江戶儒學的言語論的代表人物之一的皆川淇園之見，「義」究竟說來是實踐的理論，其主張「大致上義和利非常近似，於此，如果行義，自然得利」（《淇園答要》卷中）。義在根本上不是超越利而存在的概念，可說是與所謂的「利之現實的利害關係」有密切關連的概念。亦即，即便否定過度之利，然而，從中無法獲利那樣的義也不被其所贊成，其以此爲想法。

伊藤博文的要屬陸奧宗光，因違犯國事而拘留於仙台的獄中之際，翻譯功利主義者邊沁的《道德及立法的諸原理序說》，以所謂的「利學正宗」之名而問世。與孟子的「義」相對反，邊沁的功利主義反而容易了解，此爲陸奧的闡述。夏目漱石的《虞美人草》和尾崎紅葉的《金色夜叉》等等明治的小說，反覆不斷地對「利」與「義」的問題追問下去。

利無法被獲得下的義不能被認同，這點不是僅由皆川淇園一人所代表。有如止不住欲求那樣對所欲之利的欲望，才眞正是義的本身吧！

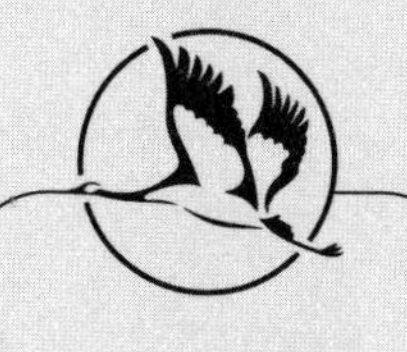

第五章

「善惡之彼岸」的思想系譜

一、從「善惡之彼岸」所見之尼采的道德觀

眾所周知，對「惡」也予以肯定的人物，是寫作《君主論》的馬基維利。而在早於馬基維利將近兩千年的昔日中國，就有了韓非子。

從馬基維利來看，他主張：「且見！雖然看上去宛如惡德，然而若從這個東西之實現上觀之，倘若自身的安全和繁榮能夠被成就，那麼就應該實行惡德。」對惡的牽制，必須以更高的惡來達成，這點也來自他的肯認。

尼采肯定及讚賞馬基維利的這個思想，強調在「善惡之彼岸」及「曙光」中的「殘忍之德」，並正面評價殘忍生產出更高的文化這件事，以及惡的創造性。

尼采高度評價英雄之道德。英雄從混沌的狀態藉著強大的力量而再次構築出嶄新的秩序。關於這點，理由在於：正義和力量若不存在，秩序之創出也難以成功。正義藉由力量而被保衛；力量藉由正義而合理化自身。英雄以暴力牽制暴力，而成就正義；以戰爭牽制戰爭，而成就和平；以惡牽制惡，而成就善。因此，英雄自立於法律之外而創造法律，並帶來秩序。自身超越了道德的當下，英雄之行爲處於善惡之彼岸，這點正是尼采之所思。

在今日，有如上述所提到的，在舊體制或舊秩序的觀點下，對它們的破壞完全是屬於惡的。然而，由於舊體制正在腐敗、墮落中的緣故，以變革為目標而奮起的革命家們，為了創生出新的秩序而歌頌著善和正義。這方面不正是對革命之追求的道德力嗎？這樣的革命行為，儘管意味著傳統秩序的破壞，卻處於善惡之彼岸。

因著陽明學而被知曉的王陽明提倡「致良知」，心之本性既不是作為善，也不是作為惡而存在，它存在於和尼采相同的「善惡之彼岸」。他說道：「無善無惡心之體，有善有惡意之動」、「知善知惡是良知，為善去惡是格物」，也就是說，心之本性超越善惡。

關於這點，與其說是出於儒家思想，倒不如說是來自佛教「無名」觀的產物，不是嗎？

尼采所說的英雄或「超人」的「權力意志」本身存在於善惡之彼岸，超克著善惡，而成為世間之創造力。新的價值之創造，不限於英雄或超人等人物。尼采也談到：在宗教與藝術、技術、學問各個領域中登場的「天才」也作為歷史之創造者，他們跨越舊的價值，成為新價值的創造者。

肯定英雄之道德的尼采，將此視為主人之道德，而讓它與奴隸之道德做對比。主人之道德作爲高尚的人格所具備的道德，當它藉著生命的充實感、洋溢的力量、傲魂高揚的原動力而超越善惡的同時，便成爲在此意志的持續中自由地行動著、肯定自己的生命、不斷發揮著生命力的東西。並且，拒斥和厭惡和平與安全，即便危機迎來也勇往直前，擁有無懼於持續戰鬥的膽識，憑著一己之力而創造出新的歷史、新的價值，這樣的人物，正是英雄、超人和天才。尼采將上述賦予主人之道德的定義。

然而，對於「奴隸之道德是什麼」的這方面，這點背反於主人之道德，不是強者之道德，而是作爲弱者之道德，是膽小的凡人以卑微媚俗的方式所持有的道德。所以也被稱爲「畜群道德」。被凡人看成大事的同情心、親切、忍耐、勤勉、謙虛、寬容、中庸等等所謂的德目，若由尼采來評斷的話，全部都是「畜群」與「奴隸」之道德。質言之，弱者互相承認的東西，全部都是奴隸之道德。

根據尼采之見，弱者對於強者與壓迫者，或上位之人，雖然持有激烈的憎惡與妒忌心，然而，實際上由於膽小卻採取不了任何行動。因此，出於觀念上的復仇（復讐）所產生的東西，便是奴隸道德。弱者嫉妒強者，對其抱持敵意，又憎恨之，因此一向把強大當作惡，弱小當作善。和平、安定、平等之類琅琅上口，以正義之名，對強者進行復仇。如果從尼采那裡來看，這種狀況不啻爲價值之倒轉。尼采所謂「觀念上之復仇」在近代中國文豪魯迅的小說《阿Q正傳》中，作為「精神的勝利」被恰到好處地描繪出來。

由尼采那裡所看到的現代，是奴隸道德支配的時代，而民主主義與社會主義正是它的代表。因此，平等的、進步的思想，不過只是返回到畜群的膽小根性裡去而已。於是，為了克服這樣的弱者帶來的矮小化的、凡庸化的及敗退的時代，必須讓出於大眾的怨懟（對支配者的憎惡）而被倒轉的價值再次被逆轉，必須重建主人之道德。在這裡，尼采要我們對於和平以戰爭，對於平等以位階秩序，對於同情以嚴罰，對於謙虛以剛毅，對於良心以自尊等所謂的「主人道德」來取代並再建它們。

因此，如此的人的生命力正在衰退、畜群道德跋扈的時代，要超克它時，「權力意志」是必要的。能承受苦難、無懼死亡的危險、不屈服於殘酷命運的超人，其出現是眾所期待的事。總之，在不斷突破頹唐的時代之際，勇氣持有的道德被要求著，打破通常的倫理規範是必要的。在創造出新的時代，在構築新的秩序中，破除守舊的道德法則是必要的。這點即便似乎被稱為「反道德」的危險思想，誠然從英雄及革命家的眼光來看，就是為了遂行偉大事業必要而不可欠缺的東西。就這個意義而言，康德所說的主觀的道德法則，或者是黑格爾（G.W.F.Hegel）所說的超越客觀人倫的英雄道德，是必要的。

在不斷推動社會、推動時代、開創歷史的過程當中，對道德法則、人倫的規範、乃至於法與慣習的無視，儘管被視爲惡的行爲，仍應該藉著斷然的權力意志，向前改變既成的社會秩序。之所以這麼說，根據尼采的思想，是因爲創造性寄宿在惡中，背德者反而實現偉大的德行這個事實。

二、所謂「若無善，即無惡」的「無記」之思考方式

在東西方的歷史中，許多的哲學者及思想家，就所謂「是善，還是惡」的二元論來思考善惡問題。針對這點，在佛教思想中，有所謂的「若無善，即無惡」的思考方式。這被稱爲「無記」觀。這是屬於已經超越「善惡的彼岸」的善惡觀。

佛教的法相宗談論著「唯識」論。世間的一切存在和偶發事件是自己內心作動的反映。正是這樣的思考方式，全部都是心的運動之變化，於是，若離開自己的心，也就沒有這個世界的存在。此心本身作爲世間一切現象的本體，是唯一實在的東西，即是這樣的思想。在佛教方面，原來有眼、耳、鼻、舌、身、意等六個「識」被提出。作爲外界之認識者的，是視覺、聽覺、嗅覺、味覺、觸覺，然後是關於思考及感情的所謂的

「心」。在「唯識」論方面，在這個深層裡，尚有末那識與阿賴耶識的存在被思想著。末那識專司自我意識，阿賴耶識則是我們至今為止經驗到的一切東西所蓄藏之處。也被譯作「藏識」。我們的經驗及具體的行為作為全部的「種子」被記憶、蓄積在阿賴耶識（藏識）裡面。然後，不斷地重新產生出新的行為及行動。

藏識是過去經驗的總體。由於它是認識一切事物的立足點，所以在這之中被完成的時點上，既無善也無惡的存在，也就是所謂的「無記」。但若由「藏」中走出的話，便會淪為善或淪為惡。由「藏」中生出來的金，能使其成為惡事也成為善事，這與所說的是同一件事情。

日常生活中，或見或聞或行之所作所為當其作為「種」在心中完成之際，這個種又在因「緣」而生起之時所做的活動即為善惡。由於阿賴耶識是作為過去的業之異熟（果報）而被生出的東西，它也被稱為「異熟識」。於是，針對從這個地方出來的物之善惡做判斷的東西也是阿賴耶識。

「無記」是三性之一。而三性，在閱讀上如同字面上的三項性質——善性、惡性，以及非善非惡的無記性等三項之所言。在部派佛教那裡，無記又續分為「有漏無記」及「無漏無記」。有漏的「漏」即是煩惱存在的狀態；無漏則是無煩惱的狀態。有漏無記是身處輪迴轉生之迷妄世界裡的無記，無漏無記則是成爲所謂的從輪迴脫離而身處覺悟的世界中的無記的這件事。有漏也被稱爲相對，無漏也被稱爲絕對。有漏善是相對的善，無漏善是絕對的善。

三性裡面，善作爲安穩的性，得到所謂的樂之結果；反之，惡作爲不安穩的性是得到所謂的苦之結果的這件事。對於善，所謂的樂果被附加上來；對於惡，所謂的苦果被附加上來的所謂的這種因果論，是屬於往有漏輪迴方向去的應報思想的東西，與世上經常流傳的勸善懲惡之善惡論、幸福論、功德論同樣的事物。此世若爲善的話，來世便得幸福；此世爲惡的話，來世便落入地獄，這點與上述的事情相同。

然而，佛教最終所追求的事物，不是以這樣的世間的善惡功德、利益追求爲目的的有漏輪迴之善惡，而是超越輪迴的涅槃因果或超越道德善惡的境地。達到這個境地的狀態，即「捨棄善惡、脫離俗塵、超越今世與未來之生死觀的狀態」、從被囚禁在善惡的狀態中解放的存在，這便是「佛」的存在。

三、肯定善惡一如的「業」之善惡觀

因果應報雖然是佛教最具特徵的思想，然而，所謂的善惡之探求根本上是倫理的問題，而非宗教的問題。宗教的問題是生死探求的事情。然而，若談到佛教的三世觀，或「業」的因果關係時，善惡的行爲，作爲僅爲此世的事態，在這個關係場中，並不會消滅。此世的善或者是惡會影響到來世。在此同時，所謂此世若做了好事，來世也就變得幸福，如此的思想便產生了。然而，如果超越輪迴，循著自然的情況，此世所爲在來世承受之所謂的善惡應報，也從道德的善惡中解放出來。利益追求型的善行惡行全都在絕緣之中，這方面，正是佛教最終追求的境地。

在大乘佛教這裡，達成「佛」的道路，有被分爲兩階段的說法。第一階段超越善惡之對立，是達到不善、不德、善惡不二的絕對境地的階段，總之，善與惡之所謂「一見對立」（乍看下的對立）的概念，實際上是領悟表裡一體的階段。第二階段，由此而回歸現實，以善惡不二爲根據，公平地容認現實的善惡，是達成善惡（正邪）一如的、積極地肯定現實的這種境地。大乘佛教所重視者爲拯救一切眾生的事業，即將一切眾生從苦難的深淵中救出的事業。拯救眾生的事業能被成就時，修行者便是成佛者。如果悟出善惡不二，那麼現實世界的善惡作爲善惡一如也能夠被肯定。亦即，藉如此行動而進行拯救。並非單純地否定惡，在爲了彰顯善而積極地相信惡的這一點上，不妨說是大乘佛教的特徵吧！

佛教與儒教不同，所談論的並非以任何「施以懲罰」之謂的勸善懲惡的思想爲根據的「罰」，而是在「緣」中求取善惡之原因。好行惡事的人只能圈繞在惡緣之中，因此，諸佛不做所謂的「懲惡」這樣的事。藉由與「良緣」有關的事，從惡之道把心救出。佛教是拯救惡人的事業，不是像懲罰這樣的事。也就是求取良緣與善緣的結成之事的拯救之學。

佛教思想從業來說明善惡之因果，天或天道自身，不做這是善人、這是惡人的區別這樣的事。善惡完全是以人自身所做出的原因爲根據所受到的因果應報，或謂業報。也就是善因樂果，惡因苦果。

日本禪宗的開山祖道元禪師這樣說道：「善惡之報有三時：一者順現報受；二者順次生受；三者順後次受。這些稱爲三時。」（《修正義》）根本上，因果應報延續著此世、來世及再來世，對於善惡之業，應報必定會出現。有如先前曾述及的，親鸞也這麼說：「善人尚且得到往生，何況是惡人呢？」佛不分善人、惡人，絕不會見捨他們。

在禪方面，有所謂的不思善、不思惡。有如所謂是非、眞妄、善惡、美醜的東西，即伴隨著價值判斷的東西全部都不是眞實的自己。在不思善、不思惡之時，在人間的實相本身中，正是禪的世界所存在之處。

四、中洋與西洋毋寧是善惡一元論的世界

「超越善惡」之思想，並非只是佛教思想。在古代的印度，已經有所謂的「獲得眞智者，超越善惡」之說，老莊思想也不區分善惡。尼采也否定以基督教精神爲基礎的歐洲的傳統道德，而主張對既成的善惡道德之超越。

古代希臘與印度的善惡一元論其類似性在於將惡思想成善的欠如狀態。依據這樣的思考方式，惡就像是光的陰影部分的東西，是非實體的非存在。

在基督教思想那裡也是如此，在四世紀的奧古斯丁那時，「善惡相即論」被提出來。奧古斯丁在《上帝之國》（*De Civitate Dei*）中，主張「善若存在，惡亦存在」。十七到十八世紀的德國哲學者萊布尼茲也在《辯神論》（*Essais de Théodicée*）中主張「惡是善不可欠缺的條件」。

道元在善惡是相對的事物方面，以現實界與他界、天上界與人間界、時間的前後為依據，也有「惡的基準一一不同」這樣的想法。佛道與世俗中的善惡，因它們的區別而有所不同。善與惡這件事，時而成為善，時而成為惡。善惡這件事也由於法和因緣，或為善，或為惡。善惡是無定的、現象的、相對的、世俗的。超越善惡是處於彼岸的、無漏界的涅槃之境地。

日蓮上人曾謂，世間的倫理道德之惡與超越世間的宗教上的惡不同。道德的惡是不忠、不幸、殺傷、竊盜之類的事；宗教上的惡是破戒、謗法之事。日蓮進一步從個人的惡到社會的惡之認識中超越善惡，嘗試把佛土帶到人間中。

像被稱為「捨聖」那樣，通其生涯貫徹「捨之如是觀」的一遍上人，除了書簡及繪傳以外，親筆寫下的說教一行也沒有留下來。然而下述的言行錄也存在於《一遍上人語錄》裡：「過去，某位拜訪空也上人的人問說念佛這件事應該怎麼講。就在『捨之如是觀』中，無論什麼都不要被抑止，在西行法師的撰集抄中被記載著。誠正的金言正是如此。念佛的行者也捨棄智慧，有如捨棄愚癡，捨棄善惡之境界，捨棄貴賤高下的道理，也捨棄害怕地獄的心，捨棄願求極樂的心，捨棄一切的東西，只管念佛，心無罣礙地往阿彌陀佛超世的本願的方向去。」

善惡的境界之捨棄本身，便達到了佛教用語所說的「無名」或涅盤的境地。作爲佛者的一遍上人關於佛道的善惡觀也始終秉持著一貫的思考。

在宗教家以外作爲持有超越善惡的善惡觀的日本人，寫作代表武士道思想的著作《葉隱》的江戶時代武士山本常朝不會被忘記。「所謂的武士道，是看見死亡之事的方面」之謂的話語著實有名。如此的山本常朝，否定思索與理智的判斷，也藉由超越儒教的善惡觀，而獨尊行動。「思善則爲惡，思惡亦爲惡，之於善惡皆爲惡，無思之處是善焉」爲其所述，武士之美學在超越善惡之中只論及是否實行。美持有比善還高的價值是所思之點。

五、由業的思想所見的倫理

業與命運被視爲同一的事情有不少。於是，諦觀很容易產生。「或許是出自過去的業，所以無可奈何」在這樣的言說中直接就斷念的人有很多，這點也能被接受。說起來，業作爲佛教思想的一部分，早已從一千數百年前開始就在日本定著下來，也是成爲本土的思想的東洋思想的一部分。

所謂的業的思想，直接讓人聯想到所謂的善因樂果、惡因苦果的因果應報，也讓人想起佛教和儒教的勸善懲惡之說教。人是作爲個體的社會之存在，人的命運根據善因造成樂果、惡因造成苦果之謂的因緣而被決定，是所謂的這種想法。作爲人的個體其與社會的關係不是空間的關係，而是在時間的時間軸，即過去世、現世、未來世中被確定下來。

在作爲業的思想那裡，人的命運並非由他人或神所決定的東西，而是藉由自己而決定的東西，總之，即是「自業自得」。在現在所謂的常用的表述上，是「自我責任」。因此，業所持有者，是所謂的業因業果的因果關連之構造。

關於業論，早在佛陀時代以前，提倡著各式各樣不同論點的學派已經存在。例如，在宿命論方面，有否定因果的無因論，或自在天等等的業論。但是，若根據佛教的業論，不是由神或所謂的自在天這樣的絕對者等他者所決定的東西，自身的業全然是由自己的意志所造成的東西，在這之上，由於是自業自得的緣故，所說的即是業的主體性之存在這件事。在所謂因身、口、意所成的事物方面，在此處，所謂「八正道」之謂的實踐之道被闡述。由於苦樂之業果是因爲善惡之業因而被決定的東西，在這個地方存在著因人的意志而有的自由。與業的必然存在同時，業掌握著自由意志的決定權。

根據業的思想而來的善惡觀不是如同儒教在善或惡之謂的二者中擇其一這樣的事，而是既不是善，亦不是惡的「無記」。例如，所謂的儒教的道德這件事，一方面教導應該要有這些或應該不要有這些，一方面卻對事情本身沒有強制力。道德的善惡作爲當爲或不當爲，是取得命令形式的東西。因爲善惡變成抽象的狀態，從苦樂的經驗中完全獨立出來。

佛教不只有業論，也論說輪迴的思想。從事惡行者，會墮入地獄；成就善業者，往極樂淨土或根據六道輪迴上升到天國裡去，這點被用以實行大眾教化。起初，雖然佛教不承認天國的存在，然而爲了大眾之教化，好像成爲講述業論和輪迴思想的東西。儒教的倫理屬於現世的東西；佛教應該是從過去到未來都被包含進來的東西。

根據業論，輪迴是依據業而被確定的。這件事不是依據神之類的絕對者，而是依據自業自得而決定的。業依據所謂的見、語、意（精神的行爲）三種行爲而被決定，在輪迴中依據是浮還是沉而被決定。

六、超越儒教善惡觀的佛教善惡觀

儒教倫理的善惡觀，由被稱爲「五倫」或「五常」的德目所代表。相較於對「惡是什麼」的追問，毋寧是勸善之事。是性善說還是性惡說，關於這件事的人性論是二擇一的，在這方面，冗長論爭的出現，是廣爲人知的事情。

然而，佛教思想相較於「是善還是惡」之謂的事，在對「煩惱」的關心上投入更多的比重。相較於「是善還是惡」之言說，則談論起善惡的捨離與超越。然而，在高出儒教方面，則是其關於善與惡的定義是具體的。由於相對來說不斷詳細地做分析，因此相較於儒教對「仁」與「義」是什麼不斷地論爭的情況，佛教思想更具有實踐性。像儒教方面，最後陷入依每個人的獨斷之見所定義出的「見仁見智」（人們依照各式各樣的解說而決定「仁是什麼」之謂的意義）的狀況也不會存在。

古代的原始佛典中，早已有試圖主張捨棄善惡之思考的人物。例如，在《經集》（*Sutta Nipāta*）中被如此記載：「保持平靜，捨棄善惡，脫離塵俗，知道此世和彼世，超越生死的人物，那人本身，終究被稱爲沙門。」

佛教思想因爲存在與老莊思想的「絕仁棄義」之主張相同的想法，在中國也有接受佛教思想傳入的基礎存在。

佛教不只是捨棄「善惡」之思考，也有像「如同不受美麗的蓮花之泥水所渲染，貴方的善與惡兩者也不被污染」（《經集》）那樣，不要被善惡的思考所囚的這件事被訓誡著。

佛教對於善惡明確地指出十善和十惡，而與康德所謂的「根本惡」相同，在貪、瞋、癡等三不善根中，探求作爲根本惡的不善根，在絕對眞實的善作爲無漏善的情況下，與殘留執著和煩惱的有漏善做區別，在業、緣、輪迴、涅槃的世界那裡追求善惡之超越。在佛教思想中的有關對善惡捨離之超越的說教裡，也涵括著《經集》所說的「超越生死的不死永生、不死不滅」之謂的生死超越之論說。

再者，在大乘佛教那裡，空論也被談論。對此論來說，在善和惡都作爲空的情況下，其中無論哪方面都不應被執著，也就是所謂「善惡不二」、「善惡一如」的論理。在《維摩經》方面，善與不善被如此表述：「善與不善被區分爲二。如果不做成善及不善，進入無相際時若感通達，便進入了不二法內。」（〈入不二法門品第九〉）

儒家思想執取善惡二元論，佛教思想則訴求善惡一元論，被思考的是：從根源上說，善與惡本是同一之物。例如被稱爲新柏拉圖主義之祖的柏羅丁（Plotin）也主張萬物同根，究竟來說，萬物與惡是在屬善的「一者」之時間性的展開過程中所表現出來的事物。

所謂善與惡既屬二，又屬不二，據此而訴求善惡相資說者，是中國六朝末年的僧侶，天台智顗。以「惡是善的助力，無惡則亦無善」為例，所思考的是善與惡是基於相互關連而存在的東西。這便是所謂的善惡相資說。

在基督宗教方面的奧古斯丁時期，善惡相資也曾出現過。他藉由《上帝之國》中如下的段落來說明基督宗教的原罪說，即：「由於善存在，因此惡存在」，「在善的事物以外，惡不存在」。

因此，無論基督宗教或是佛教，罪人與惡人的救濟思想由其而生。

第六章

從原罪中所見的恥之文化

一、人的行動樣式和價值基準的類型

德國的社會學者馬克斯．韋伯將人之一般的社會行動樣式分成目的合理的、價值合理的、傳統的、感情的等四種類型。此四種行動類型不是孤立的存在，而是複雜而微妙地相互交錯著。不僅表現社會行動的類型，也表現社會價值類型的變數（Pattern Variables）。

人的價值判斷，在時間上，是考慮著現在的感情或未來的結果；在社會方面，是考慮自己的利益或考慮給予社會的效益，據此，便有以下四種最基本的判斷基準：

（1）如果以現在爲中心，以感情爲本位，「美」成爲最高的價值，由「鑑賞」所支配。

（2）如果以未來爲中心，以理性爲本位的話，在此，「眞」變成終局的價值，由「認識」所支配。

（3）如果以自我爲中心、以「幸福」爲最終價值的話，被「欲求」所支配。

（4）如果以社會爲中心，以「善」爲最高價值的話，則受「規範」所支配。

根據歷史文化的相違，世界的各民族、各社會集團所追求的最高價值也彼此相異。一般來說，所談論的大致上是日本人追求「美」，西洋人追求「眞」，中國人追求「善」，印度人追求「聖」。

日本人的強烈美意識的志向是日本文化的一大特色。此外，在日本的罪意識方面，如同醜惡與污穢這樣的狀況，被視爲美意識的否定。古代的日本人對於罪方面比起所謂的抽象的東西，是以物質般的東西來思考。因此，被認爲的是僅藉著宗教的儀式而潔淨之的話，便能將之除去。在這方面，對美意識來說，極度的不潔、瀆職、醜惡被認爲是罪，於是，藉由「禊祓」[1]而將之潔淨，並能除去，也被深信不疑。

中世以後到近世初期的日本人雖然缺乏宗教上的罪意識，在道德的恥意識方面卻似乎是敏感的。根據當時到日本來的西洋傳教士之報導，在日本人之間，罪意識比較少見。這點大概是日本的神和西洋的神不同的緣故吧！直到今日，上司包庇部下的罪，或者部下頂替上司的罪，値此之際，所謂的做僞證之事屢見不鮮。在罪之包庇和罪之頂替

1 大辭林第三版的解說：除去人們的罪惡和污穢的神事。

方面沒有恥意識和罪意識嗎？毋寧完全被思考爲自我犧牲的美德。作爲思考方式的一種，有被高度評價的傾向。

日本人在運用所謂「不恥於天地」的表現之時機上，「天地」雖然是意味著神的東西，然而被捕捉到的也有其作爲世間的意味。誠然，比起世間的意味，指向神的意味還要更強。在中國，所謂的「問天無愧」，毋寧就是面對上蒼而心無愧疚。在西洋，對於神（＝天地）的罪意識由於在東洋變成了恥意識，關於這點，在面對天地神明時，西洋人毋寧以罪、東洋人則以恥來對應。此處的罪和恥是內省的意識吧！

二、在「日本人論」上不會缺少的恥意識

露絲・班乃狄克（Ruth Benedict）在其《菊與刀》中，從文化人類學者的觀點將世界文化的類型區分爲西洋的「罪文化」（guilt culture）和東洋的「恥文化」（shame culture）。根本上，日常之行動如有不順遂的狀況，就其原因被建構出所謂的兩種文化圈的理論，其中之一將原因歸給罪意識，另一將之歸給恥意識這樣的理論。

人的行動規範一般來說，包含由內在的要因而來的東西，以及由外在的要因而來的

東西。罪的文化由內在的罪意識之自覺而行善，相對於此，恥的文化是基於外在的強制力而行善。因此，罪的文化是所謂的「內在制裁」（internal sanction）的文化，恥的文化是「外在制裁」（external sanction）的文化。關於恥的文化和罪的文化的議論，在戰後的《菊與刀》出版以來，便是不斷被感興趣的「日本人論」的一大主題。

由於流行弗洛依德的精神分析，由「超自我」（super-ego）與「自我理想」（ego-ideal）的概念而來的罪意識的生成、發展過程的分析被運用，豐碩的研究成果也被提出。然而，在恥意識的分析上，卻一直得不到如此程度的成果。

但是，精神分析學者比爾斯（Clifford W. Beers）主張罪意識與恥意識兩方都與內在的制裁無關。原因在於，恥的意識根本上是屬於主觀的、隨機的東西，在知恥這件事上，終究必須從自我主體的內面來理解。

所謂的「超自我」指的是，由嬰幼兒時期開始，在接受親人的文化規範之下的良心和道德心之謂的事物。這樣的超自我，在遵守規範之背後，實為自我監視。「自我理想」，當比照超自我之時，則是備妥自己的理想特徵的自我本身之意象。

根據比爾斯的主張，「超自我」與「罪意識」有很深的關連，而「自我理想」與「恥意識」則持有密接的關連性。所陳述的是，相對於「罪」是由「自我」與「超自我」之間的緊張關係所產生的東西這點，「恥」則是由「自我」與「自我理想」之間的緊張關係所產生的事物。進一步，相對於「罪」是由「超自我」之境界的受侵犯這件事所產生的這點，「恥」則是在自我無法達成「自我理想」之目標的情況下所產生的意識。

對於測量恥與罪的價值基準，各式各樣的思考方式，也存在於日本的精神醫學界中。精神科醫生木村敏，在其《人與人之間：精神病理學的日本論》（弘文堂）中，所主張的是，恥的意識與罪的意識，並沒有像班乃狄克所言的，有明確的界線標定的這件事。所陳述的是，恰如在西洋人的場合，罪的意識，是往神與自己的關係之謂的垂直的自我內在關係的回歸。相對於此，在日本人這裡，則在自己與他者，總之，在人與人之間的水平關係之上，被看出罪的意識。

根據社會學者森口兼二之見，罪意識是立基於「善惡」的價值基準的東西，相對於此，「恥」意識是立基於「優劣」的價值基準而被決定的事物。決定行爲的善惡的東西不是「神罰」，而是「世間的制裁」。不是依據法律而來的制裁，而是「依據道義而來的非難」。對於道義的非難之恐懼，是作爲「恥」而存在著的東西。

三、罪意識是宗教文化的產物

若對罪意識大致做區分的話，可分成三類：違反法律條規的犯罪意識、背反道德規範的罪惡意識、冒瀆宗教戒律或違背之的罪業意識。

犯罪者受法律的制裁，背德者在內心有罪意識，並感受到良心的苛責。冒犯戒律的背教者受到因此而來的神罰，或受到來自教團的懲罰而被逐出教門的狀況也有。罪意識由於在傳統文化的風土中誕生，也反映民族的性格，因此沒有不抱持罪意識的民族。日本人方面當然也不例外。

在佛教思想中，被思考的是，罪意識作爲背反佛法的行爲，會招來「未來苦」的惡果。這正是所謂的「因果應報」。例如，若犯下「五逆罪」（傷害父母、殺害阿羅漢、教團破壞之事、誹謗正法），便會陷進「無間地獄」。

在佛教方面，所謂的「五惡」及「十惡」（殺生、竊盜、邪淫、妄語、兩舌、惡口、綺語、貪欲、瞋恚、邪見）與基督宗教的七大罪（seven deadly sins）相同，是道德規範的違反，而非法律的違反。

淨土宗思想認爲，「人類本來是罪業深重的存在」。在這樣的自覺之下，極樂與地獄的「他界觀」及輪迴的「應報」思想被理論化及體系化。淨土宗來自印度，經由中國而傳到日本來之後，由於法然、親鸞上人而往上一層發展和本土化，淨土宗由親鸞開始成爲淨土眞宗。

在日本的佛教中，認識到深植在人的存在上之罪的是親鸞。他讓佛的恩寵思想極致地發展。在原本印度所產生的佛教思想上，惡與罪的區別並不太明確。

對親鸞來說，眾生帶著深重的罪業而存在。我們如果沒有犯罪的事的話，活著的這件事也就不可能。所思考的是，根本上，爲「業」所束縛的這件事，稱其爲「罪惡」或「罪障」。在凡夫身上，連小慈小悲也沒有，全是邪惡之人、罪深之人。因此，無法靠自力得救。再者，救助罪深之人純然出於阿彌陀佛的本願的這件事以及佛的恩惠，也爲其所強調。也就是，不是出於自力，而是藉由阿彌陀佛的他力。那麼，所表述的是，無論正直的人或罪人，全部被允許進入阿彌陀佛的淨土。與基督宗教的神有別，有所謂的最後的審判不必要的這件事。

相對於法然所說的：「惡人尚且得到往生，何況是善人呢？」親鸞則以「善人尚且得到往生，何況是惡人呢？」（《歎異抄》）作爲逆說而訴求之。由於無功德的惡人靠自力無法得到往生，便讓阿彌陀佛的恩惠成爲必要。因此，所闡述者爲，罪人只要相信阿彌陀佛的恩惠，淨土也就歸屬於他。

由親鸞上人之所見，人本質上是罪業深重的凡人，難以得救的存在。但是，透過懺悔和善智識（師）的誘導，藉由阿彌陀佛的「他力本願」使得救被完成。（《歎異抄》）

親鸞的「罪的救助」理論雖然與基督宗教的原罪思想極爲相似，但並不是原罪意識。基督宗教傳統的罪意識的範圍極爲寬廣。生理的污穢、弱小、病、出於死亡的徬徨、犯罪行爲，以至於違反神意的高層次的精神現象全都被以「罪」來稱呼。在這點上，與日本人的罪意識共通的部分也有。因此，就基督宗教的罪惡觀來說，「善惡」的價值基準的測量這件事是不可行的。倫理道德也是不同層次的談論。中世的日本與半島的高麗王朝同樣是徹底虔敬的佛教國家。因此，比起律令，佛教的罪意識成爲村社會的重大社會規範。

聖保羅在《與羅馬人書》第五章中，把「罪」分成律法之前的罪、律法之下的罪及恩惠之下的罪。就德意志的哲學家康德而言，道德與宗教在形式上雖然有別，在內容上則看成是相同的，道德的惡與宗教的罪不被明確地區分。但是，一般來說，中國人與希臘人同樣，欠缺根本惡的觀念和罪意識。中國人的罪意識方面，沒有像基督宗教思想那樣的天生的原罪意識。始終被思考的是，罪是違反傳統權威的這件事情。

例如，背離父母、祖先、上位者的意思或傳統這類的事、對上位者不敬、不迎合之類被稱爲「得罪」。這方面，涉及「逆鱗」的罪在現實上非常嚴重，以死抵罪也不爲過。

基督宗教的「罪」，不是對於人間之人的罪，而是對於人間之神的罪，是背反神意的罪、不信神的罪。但是，儒家思想長久以來，也如同由其所謂的「敬鬼神而遠之」、「子不語怪力亂神」、「未知生，焉知死」這件事可得知這樣，儒家思想的罪意識僅限於人與人之間的人倫關係。尤其專指違法對象的刑罰。從儒家思想來看的話，善惡行爲之決定這件事，不是「神罰」，而是世間的裁判。不是刑罰的制裁，而是「道義」上的非難。基於對道義非難的恐懼，恥意識便萌生出來。

德意志的社會學者馬克斯．韋伯在《儒教與道教》中指出，儒教徒對於德性之報酬，其所期待的事物是：現世的長壽、健康、富貴，然後是死後的名聲。漢民族對於罪缺乏深刻的內省，也欠缺深刻的罪意識。在漢文化方面，完全沒有原罪的觀念，也沒有解脫的思想。因此，佛教思想在漢末到六朝的天下大亂的時代中，塡補了這般中華思想的空隙，而流進如怒濤般的漢文化圈裡來。

四、日本人的罪意識與法意識

西洋社會思想的主流是基督宗教思想。人與神的契約成爲西洋社會的基本倫理，康德道德規範的理念只不過是世俗化了的基督宗教思想。人與神的契約之思想成爲今日西洋的法思想的根據。人與神之間的契約取代人與人的契約，而成爲法的尊嚴之保障及客觀性的根據。守法這件事同時也落實爲遵守約定這件事。

但是，一般來說，守法精神來自於傳統的文化風土，這樣的事例有不少。在歐洲，英吉利人比起擅長於鑽法律漏洞的法蘭西人及義大利人等等的大陸民族要來得守法。

同樣，在東洋，日本人比起朝鮮人和中國人要來得守法。在中國，有政治權力者說是「無法無天」也無妨，即便不表明「朕即法律」。權力者幾乎不遵守法律，一般民眾也不太遵守法律。

例如，東南亞的亞洲人中，華人、華僑不怎麼守法。在泰國，犯法的凶惡犯幾乎都是中國人，而在其中則幾乎都是潮州人。日本國內的外國人犯罪者的第一名是中國人。就此，如果談到爲什麼中國人成爲世界第一的無法者這件事，那麼這是因爲在中國人的社會中，比起法律，「倫理道德」始終被當成優先的緣故。也由於倫理和法律是完全不同的社會規範，於是，從倫理優先的社會所產生出來的，便是屬於人治社會的東西。

日本人是極度守法的民族，不是隨便就能改變法律的民族。一千數百年前，大寶律令被施行之後，當進入鎌倉時代，天皇已經喪失了實權。儘管如此，大寶令完全沒被變更。明治維新後開始，漸漸爲明治憲法所改變。此後，第二次世界大戰之後在佔領軍的主導下，新憲法施行，在這當中，雖然內外的環境激變著，然而直到今日，這部憲法仍被使用中。

儘管如此，日本也不是自古以來就是法律優先的社會。日本的社會力之優先順位也有所謂的「非理法權天」這一面。這是在「建武中興」的時代，楠木正成與長男正行於「櫻井之驛」離別之時所產出的字句。「非理法權天」與「菊水之印」同樣存於楠木正成的軍旗上的這件事被言及，是有如傳統的法意識之象徵的東西。根本來說，「理不勝法」，理是既存的社會規範。有所謂的「非」不勝理，理不勝法，權不勝天的意味。

根據韓國漢陽大學的金容雲教授的說法，韓人社會的優先順位與日本不同，「非法淚恨怨」爲其所指出。基本上，有所謂非不勝法、法不勝淚、恨不勝怨的意味。

中國人的社會中，法意識極低的事情是確定的，也是公私混同的社會。社會的優先順序是「情理法」，私情始終被當成最優先。

五、日本文化中的罪文化

民俗學者柳田國男從日本文化史的角度，對於「恥的文化作爲武士的文化，罪的文化作爲常民的文化」這點做出獨特的論證。其所思考的是，恥的文化作爲武士的文化，作爲由支配階級所授與的東西，是在表層上所接受及包容下來的東西。再者，又說到，罪的文化，其歷史甚早，從佛教而來的罪的文化開始，也就是說，從罪業觀之論說以來的長期影響被承繼下來。罪的文化也在範圍上更廣而根基更強，恥的文化在一次的戰敗中或許便消滅了。然而，罪的文化值得再生的這件事也被論及。

日本文化的表層是恥的文化。再者，假如向下發掘由佛教的影響所產生的基層的罪的文化的話，在最古老的底層有成爲原始神道的母胎的「穢文化」。日本文化恐怕由如此多層的構造所形成，其可能性也被談論著。

由於在宗教上也伴隨著罪意識，基督宗教、佛教、伊斯蘭教就每一方來說其罪意識各不相同，此處所產生的罪文化的內容和性格也各自不同是當然的事。

如同在《萬葉集》所看到的，在古代的日本人那裡，沒有深刻的宗教意識。佛教是從西邊的大陸進入到日本，到了鎌倉時代，日本的佛教才開始形成，並且本土化。法然、親鸞的淨土宗及淨土眞宗，以及進一步的日蓮宗等等帶出日本佛教的興盛，藉此，「日本的靈性」得以誕生，假使日本的靈性藉由日本民族而成爲覺醒的東西的話，佛教學者鈴木大拙則論說日本特色的罪文化史。

鈴木大拙針對西洋與東洋的罪文化之不同，相對於基督宗教那裡受神罰有應償之罪，佛教在他力本願方面則在彌陀許諾下有應救之罪，對於這樣的差異，在區分之下，其說到，佛教比起所謂的父性的，是屬於母性的。

日本人社會是母性原理優越的社會這點，也被適當地指出。因此，日本人難以成熟，也被認爲保有著所謂的「永遠的少年」這一面。

精神分析學者小此木啓吾指出，與「藉著處罰的恐懼而來的罪惡感」不同，日本人罪惡感的原型是「以由心而來的不淨感爲思想的罪意識」，認爲這造成日本的受虐癖。也稱此爲「日本人的阿闍世情結」。

六、對「一億總懺悔」經常不思考

日本在大東亞戰爭上失敗後所表現出來的是「一億總懺悔」。這點是從恥意識所出，還是從罪意識所出，在我這裡還未有定見。從日本人來看這點是極度重要的「總懺悔」。爲何由恥意識會生出「總懺悔」，毋寧是因爲這點成爲奮起、再起的原動力的緣故。

如果從原本來說，在禊祓中，如果讓水流過，罪過罪業總是立即成爲過去的東西。但是，戰後日本的「一億總懺悔」，以「戰爭犯罪無時效」來斷罪，直到今日，日本還沒從「無期懲役」的咒縛中抽身。這是新的「日本病」，適當地看待的話，是「反省」和「謝罪」的發作症。

例如，一九八二年六月二十六日，在高校的世界史教科書的檢定中，發生了所謂的出版社關於日本對中國的「侵略」之記述，在書寫上讓其被替換成「進出」的「誤報」，此事件是由日本的媒體所引起。這個是極具象徵的事件。這個時候，由日本政府而來的反省、謝罪、更正、檢定基準變更的發作反應快速走向「自虐化」，這件事也被談論著。

然後，這樣的事不限於日本政府，甚至在日本的民間企業也見到同樣的反應。日本製的四輪驅動車，曾經被中國的消費者團體當成瑕疵品來攻擊。中國的報導機關也展開追擊戰，爲了對其投以集中砲火。公司得不到對方罷手只好在《人民日報》的一面上刊載謝罪廣告。但是，根據公司獨自的事後調查，卻發現所謂的瑕疵品不是該公司的製品，而是僞物。

日本製的機車、電氣製品、ＤＶＤ、相機、化妝品、醫藥品、食品等等，所有類別的商品在中國都被不正當地仿冒，而在市場上販售。這樣的受害情況佔有在中國市場的日本企業的工業生產總銷售額的三成左右。

連調查也沒有，像立即發作一樣就做起反省與和謝罪，這樣的事在滑稽之餘又是可悲的行爲，這樣的行爲也能夠說是一種犯罪行爲。日本人至今所展現的所謂發作式的反省、謝罪等「犯罪行爲」，反而助長了中國政府與媒體對日本習慣性的敲詐勒索，並導致「日本病」更加被推向不治之病裡去的結果。

仿效自稱「吾日三省吾身」的曾子，過度反省和懺悔的動作，這種事絕不能稱爲生產的行爲。「一億總懺悔」有極度的危險，而這卻是頻繁的常態。

如果這件事作爲日本人的原罪意識被定著下來的話，那麼我斷言日本人將沒有未來可言。

七、爲什麼日本人經常在反省和謝罪？

米國的文化人類學者，露絲．班乃狄克在《菊與刀》中，把日本文化說成是「恥的文化」以來，在高校的教科書那裡也被教成「日本文化即恥的文化」。

那麼，日本文化究竟是「恥的文化」還是「罪的文化」？我認爲，以柳田國男爲開始，針對班乃狄克的反論多到不可數的程度。這點也是談到日本論和日本文化論的時候會出現的主題。在我的大學時代，也就是六〇年代吧，在喜好的哲學以外，幾乎任何的努力也做不出來，只對日本文化抱持強烈的興趣。尤其在八〇年代以後，日本的反省、謝罪的病狀像發作一樣地發生時，比起好奇心，我對所謂的「爲何如此」抱持著疑問，並且對這樣深刻的病狀抱持著不安和憂慮。

日本人頻繁地表達「不好意思」、「對不起」這件事，將其解釋成「由恥而來的東西」的話不免困難，再者，我覺得好像也不是「體貼」過剩的原因。

日本人的犯罪率遠低於歐米諸國，這點是所謂的罪意識比起恥意識來得強的證據之看法。在日本的民間故事中，在罪意識的敏感高於基督宗教文化圈的各個國家方面，這方面的故事也不少，有高度的遵法精神。從文化比較上來說，日本抱持著在程度上高於西洋文化圈的罪意識，這件事也無法否定。由罪意識和良心的苛責而來的日本人的告白與懺悔不限於在神道及佛教方面，在不被逼迫的情況下，犯罪者的自白、自首行爲對比西洋的基督宗教文化圈絕不會比較少。

反覆謝罪是有誠意的對應，這件事並不是理所當然。反之，這樣的本心有可能變成同樣被懷疑的事。否則，毋寧將此看成病態，這樣的見解也沒錯。在戰後的日本人那裡，如上所述的症狀確實是強烈的，或許也能這麼說吧！

日本人不斷反覆進行著經常性的反省和謝罪，藉此而解消壓力，也有所謂變成世界第一長壽國的調查研究。但是，日本人經常進行反省和謝罪的這件事，我絕不認爲是爲了解消壓力的緣故。

所謂的「爲何日本人能安易地反覆不斷反省和謝罪」，針對這點的理由，不能單從罪意識來求得它。至少，和「就算死也絕對不悔改」的中國人相比，日本人容易謝罪的這件事，是由「寬容文化」而來的安心感所致。讓過去都順水流逝的道理，也正是所謂寬容下的期待。誠然，不是只有這樣，其理由絕非單一的。作爲謝罪症候群，同樣地從文化面、精神面，以及政治面等等來爲它的理由或病根做檢證，這方面也是可行的。

日本人從中國人那裡被罵成「死不認罪」的民族，據此，倒是對強迫「謝罪」的一方也好，被迫「謝罪」的一方也好，這方面如何盡是誤解和誤算，或許也沒有被意識到吧？

八、蔣介石的「以德報怨」是誤解

第二次世界大戰終結後，蔣介石總統發表所謂「以德報怨」的聲明，所謂的放棄對日戰爭賠償的請求是有名的故事。在當時，所謂讓請求無法實現的國內事情也是有的，這點應該是其他的故事吧！

在日中戰爭後的中國，至少南京政府、重慶政府和延安政府之間的三方戰爭不能說是完全終止了。在這種狀況下，爲了收拾亂局，據說蔣介石在重慶做出不報復日本的發言，在收錄終戰當時重慶政府的收音機廣播的日本支那派遣軍相關的資料中，並沒有像所謂蔣介石的「以德報怨」那樣的呼籲下的一切東西。首先，在當時的蔣介石軍那裡，沒有對日本軍報復的力量等等的存在。由於國共內戰直接就展開了。

以「能有今天的日本，完全是蔣介石的德澤」來思考的日本人絕對不少，尤其多是上了年紀的人。中國人也是如此斷言：如果中國向日本請求賠償的話，便不會有戰後日本的經濟復興等等。所非難的是：儘管如此，日本人卻尚未報答中國人的恩義。每次蔣介石的「恩義的話」一出，一定是滿口所謂「以德報怨」的話。然後，便延伸到所謂「中國不愧是道德之國」的話。

大約在我來到日本的時候，每次聽聞蔣介石的恩義之言，必定有如下的反問：

「如果在所謂『以德報怨』的道德力上有如此程度的神通力的話，那用在中國的話會如何呢？必定會發生像日本那樣的經濟奇蹟，這點不會有錯。那麼，爲什麼不使用這樣的神通力呢？還是無法使用呢？」

就此一言，對手大致上會沉默以對，對上述變成什麼也說不了。恐怕在內心中想說「多麼不知感恩啊！」、「不像話啊！」，這點也應該不會錯。戰後日本人的經濟成功是每一個日本人靠著其不平凡的努力所致，既非蔣介石與麥克阿瑟一個人的庇蔭，亦非來自任何國家的援助和施捨，這是我的想法。

九、義理與恩義的不同

對於義理與恩的關係，江戶時代中期伊勢貞丈所著的《伊勢貞丈家訓》中有這樣的描述：「主人給予扶持米的給金，不算是恩義。家臣骨折時，欣喜地接受他的奉公，才算受恩。這是主人的義理。」

從前，恩是上位者對於從下位者那裡所得到的奉仕爲表達感謝之意所做的運用。義理則是針對來自人的行爲，必須報以常識下的回禮，必須還清所借的金錢，應該遵守與對方的約定等所謂的處世的心得，也就是常民的倫理。對於「得到恩情如何返還才是對的」這點，實際上超越一對一的義理，是所謂的必須在恩義的範疇下來考慮的事。

成就義理的這件事相較於報恩來說始終是具體的，於是爲了保持眞誠，在一定期間內完成回報是恰當的事。大致上，對於義理人情的回報一次完成就足夠的狀況很多，但如果是恩義的話，這種方式就不可行。盡其一生也了結不了恩義的狀況也不少吧！不是如同數學算式般的，負數以「接近零」（equal zero）來除那樣。因此，比起「不知義理」，在「不知恩」方面，其品格與德性經常被視爲問題，同時也是被關切的事情。

也可以說，義理是有限的，恩義是無限的債務，不是這樣嗎？

十、原罪文化和原恩文化

從最初來說，施恩和報恩是規定封建社會的上下關係的恩情、恩義主義思想，或意識形態。如果沒有封建社會之上下的恩情、恩義、恩顧的關係的話，便不會成立。毫無疑問，恩不是封建社會之法的規範，而是倫理的規範。不知恩的人，雖然沒有來自法的制裁，但從社會倫理上所得到的來說，則會被輕蔑，而淪為被排擠之人。

如果談到漢文化倫理的本質，便是所謂的「四維八德」或被稱為五倫、五常的「仁、義、禮、智、信」。但是，在這樣的五倫中，沒有「恩」的德目。雖然有「以德報德」和「以德報怨」之謂的報德、報恩思想，但似乎沒有佛教的「因果應報」思想。

日本人的「恩情」和「恩義」的意識是從何時開始的，對此並不明確。雖然新渡戶稻造宣稱他相信恩是神道精神的基礎，但我認為這件事相較於所謂日本的本土文化，來自佛教的影響也相當強，不是如此嗎？

例如，被稱為天地之恩、國王之恩、父母之恩、眾生之恩的「四恩」的思想和「輪迴」、「因果應報」的思想是由佛教傳來的東西。不僅存在於日本，而是普遍地存在於朝鮮、中國、台灣以及印度等東洋的世界。如果西洋社會被稱為原罪文化的社會的這件事能夠成立，那麼欠缺「原罪文化」的東洋社會或許能夠被稱爲「原恩文化」的社會。無疑地，在西洋封建社會的上下關係裡，儘管絕不會有恩情主義不存在的這樣的理由，然而，相對於東洋的恩情主義屬於倫理的規範的這件事，西洋的恩德思想毋寧接近經濟學範疇上的「施與受」（give and take），也就是互惠的關係，我認爲也許是這樣吧！

「恩」的關係與「契約」的關係不同，不是法律上的權利與義務之關係。施以恩惠的施恩者雖然沒得到報償，接受恩惠的受惠者若不負擔任何的法律責任也過得去。這件事充其量不過只會受到倫理上的譴責，大概會有的是被稱爲「不知感恩的東西」的這種事。

在恩的價值體系方面，從父母之恩到天地、眾生之恩爲止，不只報恩的範圍是極度地廣泛，內容也很複雜。例如，所謂自然的恩惠，不定數量的眾人之庇蔭的想法，完全是屬於這個價值體系的東西。

施恩、報恩的行爲並非專屬於人的社會。就算在動物方面，與此關連的故事有不少，世界上幾乎所有國家都有其存在，尤其在東洋社會更多。例如，浦島太郎的故事是龜的報恩之典型傳說。人對鳥獸施恩的事情未必侷限在「因果應報」的期待上，不過只是內心的慰藉而已，或者是從「勸善懲惡」的必要上而來的東西。在動物報恩的故事和寓言方面有這樣的教導：動物尚且知恩，何況是身爲萬物之靈的人類，其更應該如此，不是嗎？

「不知恩」的人，自古以來被認爲比動物還不如。在《日本靈異記》中，動物的報恩故事出現不少。如其所說的：「連畜牲都不忘報恩，何況在人的場合，有不忘恩的道理存在。」因此，從龜與狸的報恩傳說和民間故事直到忠犬八公，日本人對於講述報恩的事特別喜歡。

報恩和報仇是互爲表裡的一體中的兩極之概念，是與應報有關的行爲，在佛教上的稱呼即是因果。作爲施恩與復仇的恩仇談，給予人們莫大感動的《忠臣藏》正是這樣的例子。根據佛教學者中村元，在西洋，在如同個人的名譽受到傷害那樣的狀況下，會提議決鬥，但爲了主君的名譽之故而聲言決鬥的這種事是沒有的。沒有如同赤穗的浪士一樣的、所謂討伐主君之敵那樣的事存在。進而在印度的歷史中，似乎也見不到這種事（《中村元選集第三卷》、《東洋人的思惟方法》，春秋社）。此外，在朝鮮，據說自古以來也沒有所謂「討伐主君之敵」的觀念。

佛教談論慈悲，禁戒「復仇」。因此，佛典反覆教導的是「切莫以怨報怨」。伊斯蘭文化圈教導著「以牙還牙，以眼還眼」，基督宗教文化圈毋寧論述著所謂「有人打你的左臉，連右臉也給他」這樣的寬容精神。

在中國，自古以來，所論爭的是所謂的應該「以德報怨」，還是應該「以怨報怨」這件事。道家思想和儒家思想之間，在恩仇應報方面有明確的對立。

從別人那裡所得到的好意變成世間的義理，如果不知恩圖報，不僅失去尊嚴，甚至也會留下污名，對於對方則是失禮之舉。日本人所重視的「遵守禮儀之事」，比起所謂的義務，毋寧爲教養之事。在洗濯污名方面，在透過復仇或自決的哪一方方面，兩方應該都是與日本人相似的正直行爲吧！

日本的武士讓吟詩成爲愛好的這件事，是因爲把究極的死當成人生的目標的緣故！一旦有事之時，留下辭世之歌當作生涯之紀念。一八五九年，安政大獄當時，受刑而死的吉田松陰留下有名的辭世之歌：

> 若爲斯，將成此。既知，能止未止，大和魂！

三島由紀夫於一九七〇年切腹時所吟詠的辭世之歌亦爲感人之作：

大丈夫，手挾太刀，鞘鳴聲中，幾年長耐而見今日之初霜。

散落事，世厭之，人亦厭之。驅於先，臨散落事，惟見花與夜嵐風起。

然而，在我這裡，理解困難之處是交戰時的詩歌。源義家和安倍貞任在衣川交戰而對峙時，追擊貞任的義家，爲勝利而感到驕傲時，藉「衣川」而如此吟詠：

衣川之館，其崩，如衣縱之綻。

對此詩句，貞任則回之以：

經年之絲，其紊猶不忍睹；長年之戰，其亂，如何之。

結果，義家基於「武士的情義」放棄追擊而讓其逃走。爲什麼在這裡要讓敵人逃跑呢？

或許是因爲貞任承認已經完敗了吧！當然，如果是中國的話，在所述的時間點上，便是毫不留情地斬死他吧！然而，武士的決戰顯示政治的、演劇的表演方面的性格。因此，即便在生死交關的交戰場上，像即興地做出如此的詩歌那樣的事情，也是有的吧！

十一、恩德意識與自由意識無法兩立

原本恩是從施予憐憫或恩惠的心情而來的、自發地施予的東西。是出於一方的善意而施予對方，獲得內心的滿足，而得到施恩的喜悅的這件事情。因此，施恩是在自我的心中直接成立的東西，並不是外來的強制。這件事是「良心」的問題，而不是「權利義務」的問題。

關於這方面的理由，若期待對方的報答，總之可稱爲一種墮落吧！例如，日本於一九七二年與中國締結外交關係之際，台灣的媒體對日本一齊以「忘恩負義之徒」嚴厲地非難之。把蔣介石總統「以德報怨」的恩惠忘掉了嗎？如此地大肆宣傳。

基本上，從中華民國的言論界來看，他們如此地設想著：即便蔣介石總統對日本人所施予的恩到如此程度，直到今日，對於這樣的恩還未清算，什麼樣的報恩也沒有，合算的事也沒有。

一般來說，施恩這件事是本著無償的良心，不能要求報答。要求報答總之可稱爲良心的墮落吧！

然而，施恩這件事，相較於「義理人情」，它的報答受到強烈的期待是確實有的事。所述即是，「義理人情」只要做到「回報」就夠了。但是，在接受恩德此事之上，像「義理人情」那樣，僅僅如同上例，只是「回報」就足夠的理由是行不通的，這點實屬常識。因此，一旦接受了恩惠的話，爲了「報恩」，人們會失去自由。在恩義與自由上，有著密接的關係。恩義從小惠開始直到被無限擴大的時候，「報恩」已經超出人手所及的範疇。人的一生爲了報恩卻爲恩義所拘束而失去自由，到最後成爲恩義的奴隸。

若從原理上來說，恩德主義社會的文化和自由主義社會的文化是難以兩立的。自由意識在恩德社會中無法存在。這是由於以個人的自立爲目標的緣故。從恩德文化中所育成者的方面來看，從縱橫無盡地交叉著的施恩和報恩的關係中，所謂如何在「加減乘除」的運算中得出零才好的這件事，是極爲重要的處世哲學。對此之認識，也是從「恩德社會」脫出，進入自由社會的最初的階段。

人無法拒絕「恩德」，或者說，無法解決「恩義」之難題的時候，便該「無視」這件事嗎？或者是，將「特殊化」的「恩義」予以「普遍化」，恩德主義的量若做成「加減乘除」等於零的話，就足夠了。這點似乎是從實存主義者那裡所發現的數學公式。因此，實存主義者們從恩恩怨怨和因果應報中發現自我，得到實存的自由。

十二、今日仍存活著的恩德主義

日本人一出生時，已經擔負恩義的債務。例如，父母養育的恩義，再者，有來自天地自然的看顧，背負其恩德而成長。自此開始，學校的恩師，對人的親切心之回報，也是絕對必要的。

若以最適當的方式來「具體化」此種恩義的「形而下」之形式，那麼，象徵之的東西則是「御禮」。施恩與報恩、御禮與返禮、御祝、御香典、御餞別、御見舞、御年賀，然後直到回報為止，實際上恰當地表現出現代的世間人情。

世風移轉，時代更迭，現代的人與過去的人相比之下，可說因果應報的意識薄弱，但在今天，受恩和報恩的意識卻並非完全消失。在今天的日常會話中，所謂的「不知恩」、「報恩」、「被恩」詞語也時有所聞。或者是所謂的「賣恩」、「受恩」、「恩師」、「開謝恩會」等事情也耳熟能詳。

在屬於形式的、儀禮的往來關係的「義理」，以及在「受恩」方面，有感覺到必須回報的強迫感情，對此，由人類學者李伯勒（Takie Sugiyama Lebra）所指出。但是，歐米人將由首領那裡得到的恩設想成「等量」的借入來完成回報，如此的話，在這方面就足夠了。在此之後的施恩和報恩的關係就清算完了，在這方面便告一個段落。但是在日本人的場合，這樣做是行不通的。若接受了曾有的恩惠，要回報多少，在這方面，若涉及所謂的滿全的理由，則是不可行的。李伯勒也指出，日本人的「恩義意識」基本上屬於無限度報恩的非對稱（asymmetric）的相互關係。

義理雖然接近等價交換的契約關係，但在恩方面，卻有強烈的非對稱性，但並非單方面的對人關係。但是，從受恩者方面來看，有時窮盡生涯，即便想要回報恩情，卻變成回報不了的債務。只是「一宿一飯」的恩義卻能得到捨命的報恩。上述因爲利益率最大，是首領們在恩義的散布下興起的理由。這方面與單方面的自願者之精神完全不同。恩義是相互期待的人際關係中所生的「報償」（應報）思想，也是對人關係的「道德」。或許可以這麼說，其爲「借」與「還」之相互勘定決算的倫理，是與總務的任務之遂行有關的道德。

社會學者櫻井庄太郎在《恩與義理——社會學的研究》（朝日社），關於此種雙方面的關係，當事者成員如果隸屬同一個身分階層，沒有明顯階層差別的狀況是「義務」；有上下差別存在的狀況是「恩」。最後，下位者若從上位者那裡得到恩惠，則是與此有關的「報恩」之事。其如上述一樣地區分如此之階層意識的相異處。但是，如果根據佛教的四恩說，當恩是從緣起所生的恩德思想時，首先，從認知恩德的「知恩」開始而強調報恩。忠孝的倫理是基於「獻身的道德」，不是雙方面的契約。若根據歷史學者家永三郎，則「主從道德是對主人無條件的奉仕」；歷史學者津田左右吉則談及「主從關係」不是「恩顧與奉仕的交換關係」並藉以描述之。

與歐米社會相比，日本社會的特質是建立在所謂的「滅私奉公」的他律的集團倫理之上。結合主從的御恩與奉仕的關係不是根據契約，而是根據恩義的勘定與血緣的意識而被結成。這是因爲相較於法的關係，有周密的共通之朋友意識，在信賴關係和因緣中心上，重視吃「同鍋飯」的這件事。

十三、日本的「罪」和中國的「罪」的決定性差異

根據班乃狄克，罪意識不是外在的規範而是內發的意識，相對於恥意識，其持有倫

理的規制力，而更積極地、並且在更高的層次上被運作。「罪」與「恥」的意識，無論哪一方最後都能達成規制人間社會行爲之暴走的這件事，結果，針對哪一方較優越，是否是應該採決的問題呢？

班乃狄克雖然說到，「罪的文化」基於內發的倫理觀的緣故，相較於恥文化，道德的層次較高。然而，基於價值觀不同的文化背景，實不應該講成文化的優劣。如果沒有共通的價値基準，便無法計算文化之優劣。如果是如此，那麼談論優劣的這件事，其本身不就是絕對文化主義嗎？

如果談到日本方面，對於罪的文化，有傳統的「國津罪」、「天津罪」，在佛教思想方面，也有「罪業」、「罪障」等等的觀念。自從親鸞上人的淨土思想廣泛被信仰開始，罪與惡的問題也在日本人的社會成爲被注目的課題。

在中國，罪的問題是如何被敘述的呢？如果談到孔子方面，在《論語》中，關於「罪」，僅三次被例舉。而這方面是就與「天罰」之關係而被討論。根據孔子的想法，藉由政治權力和刑罰而導出民眾的善行的這件事無非爲困難之事。原因在於稱爲民眾者，一旦有機會的話，只會想鑽法律的漏洞。因此，對於自身的惡行不感覺羞恥，嫉惡之心也產生不出來。只有這部分，孔子似乎才是性惡論者。在這個地方，孔子不是秉持政治權力和刑罰，而是道德和禮儀，他談到，如果善導民眾的行爲，恥於惡行的意識自然就生出來，導入正道的事也能夠存在了。

孔子所言的「罪」意識，是由關於國家權力之刑罰的外在強制中產生出來的東西，也能夠說是一種針對刑罰的恐怖意識。然而「恥」是內省的、自律的道德意識。

班乃狄克所言的罪的意識，是對於神的懲罰所產生的一種宗教的意識；孔子所言的罪意識，由於是在與出自法的刑罰的關連上所生的東西，內發的道德意識不會產生。因此，從外而來的道德和禮儀的強制成爲必要是其論點。

西洋人的價值基準基本上被置於個人的自立性和獨立性之上。此處，西洋近代主義完全立基於個人主義和合理主義之上。因此，能夠從內面來克制自己，也能夠養成自立自覺的人格。因爲這樣，存在著不會把從外面來規制自我行爲的他律的、強制的價值觀當成是好事，總之，把無批判地順從他人的思想的這件事當成是好事的傾向。因此，所見者爲，根據他人的存在和他人的目光或他人的價值判斷所生的恥的文化，相較於罪的文化，在層次上比較低。

一方面，恥的概念是藉由希望將自我往自我理想推進的行動所產生的，有如此的論議。恥的意識能夠也以社會行動之規範來考慮，是以「自我理想」爲志向的原動力，也被認爲是有如避免被人視爲愚者那樣，在所謂讓自己奮發向上的生產性方面的富足者。於是，罪的意識被視爲不過是單單的消極的自我規制而已。

日本近代化的原動力由幕末開國以來的劣等意識開始，總之，由恥意識開始而奮起，以脫亞入歐爲目標，從試圖追趕西洋的決意而來。這是不是如此這般的生產性的恥意識之表現呢？

若從決意的存在來談，不必然限於能夠達成本願的事例的話，那這個例子就是中國近代化的腳步。中國在社會主義革命後，下過追上英米、追過英米等豪語，透過大躍進等等運動而持續著所謂的改革再改革、革命再革命、運動再運動等不平凡的努力，結果，在結局上卻失敗了。在中國，雖然存有意識形態，但是在由劣等意識和恥的意識所生出的生產性方面卻是缺乏的，或許是可以這麼說的。

恥的文化經常引起世間的注目，由於無論如何都要在步調上迎合世間的動向，世俗化必須進行下去。但是西洋的罪的文化是從朝向神的意識所生的東西，必然持有宗教的側面，目光投向精神文化的方面。

罪意識是內在的事物，雖然沒被人看見，卻在內心持有罪惡感。但是，恥意識是外面的事物，在人面前才開始生出外在的強制力。因此，不是自主的意識，而是他動的事物。罪文化相較於以外在的制裁爲前提的恥文化，道德意識較高。對此，所見之理由即在於此。

但是，在這點上若徹底化的話，那麼不過是在所謂的「自意識」無非根據外力而生這樣的前提和假說下所得到的結論。恥意識由內心所出而沸揚時，在自己的良心上，大概會有可恥的事情有或沒有這樣的提問。再者，罪意識也未必限於從內心所生出來的方面。這是因爲，「罪與罰」維持極度密接的關係，通常只是爲了避免被處罰而避免罪惡的事情也不少。罪意識的發生，如同恥的外在強制力那樣，從所謂刑罰的外在規制而來的事情也屢見不鮮。

十四、爲什麼比起刑罰還更恐懼周遭的目光

所謂的恥意識，是對周遭的人們用什麼樣的目光來看待自己這件事的事前想定，然後，以這類的暗默的預想爲前提來調整自己的行動，同時盡量避免成爲人們取笑的對象的意識。

自己的行動從社會規範或一般常識逸脫時，雖然沒受到法律的制裁，留意所謂「成

爲人們的笑柄的情況下，如何避免來自旁人的羞辱？」的事情，是恥的意識之原點和本質。一旦無顏面對他人之時，無疑就在這個時刻，人的恥意識發揮規制逸出常軌的行動的機能。「恥」絕對不是自律地存在的價値觀，而是由周遭的目光所決定的一種狀況倫理。這點是傳統社會經過長期所培養出來的常民的感情。在眾人環視的狀況下，所謂的如何才像不失本來的面子那樣而保持著尊嚴的事情本身，正是「恥」的意識的這個東西，不是嗎？

我曾在東京地下鐵的月台上，被從戒嚴令下的台灣來的友人問了某個問題：

「在車輛中，吸煙的人眞的沒有嗎？」

「所看到的通道上沒有人在吸煙。」

「那麼一定是因爲便衣警察全在車上，監視的眼神很明顯的緣故。」

在車內，人不會吸煙是因爲有警官在的緣故。這種想法，是從台灣的特務文化（從相互監視的社會所產生的社會文化）所產生出來的社會意識那裡來的東西。情況並非如此，日本人是容易害羞的人，相較於刑罰更害怕周遭的目光，我向友人回答這一點。雖然同樣的東洋人，在被人所看見的事情上，可說有羞恥意識，但在這樣的背景上，可說也有不同文化的微妙差異。

民俗學的始祖柳田國男，針對班乃狄克的論點，感嘆其分析只停止在皮相的層次上。柳田根據事實提出反駁，並具體地批評。同時也述及，「像日本人的大多數那樣，所謂的罪的言詞朝夕不離口的民族，在西洋的基督教國家那裡是沒有的」，以及「罪業感的確是最廣泛地被徹底化的東西」。在日本，自古以來有獨自的「罪意識」的存在，藉此對班乃狄克進行反論。

柳田對於日本人的罪意識之表現方式，做出如下表述：「在日本的社會，任何醜聞發生之際，嚴格地說，不僅不存在個人的責任，關係者尚且分擔責任，因而辭職的事情有不少。在這樣的狀況下，相較於事實上的責任，對於自己所屬的團體的連帶感才有優先性。他因為連帶感的緣故對醜聞感到屈辱，不可能有所謂的與自己無關係的事。這樣的行事所根據的是罪，且又是應該羞愧的事。」

再者，對於「恥的文化」，在日本方面，恥意識能不能回溯到古代，柳田對此抱持著疑問。所謂恥的觀念，自中世以降，在武士階級那裡變成有如被強烈地意識到那樣，武士們恥於其膽小和曾因過去的失敗而受嘲笑的事，表述著反應敏銳這樣的事實，於是，恥意識變成有如在武士階級以外也可以被見到那樣，大致上無非就是時代演進而來的東西。上述為其之推測。針對「恥的文化」恐怕是階級的制約下所產生的後發的意識這件事，日本的「罪的文化」的傳統，當上溯到佛教思想那裡的罪業觀時，比起恥的意識不是原本還更根深地浸透著日本社會嗎？他如此認為。「罪的文化」當過渡到將來時，相較於恥的文化，從日本人方面來看，大概會變成重要的倫理觀吧！他做了如此的預想。

在日本的歷史中，比起實利，更重視格段與名譽的是武士階級，藉「武士不露餓相」[2]而強調體面和恥。柳田國男把在人群中「不被嘲笑的意圖」稱為「外聞」，這點是作為所謂的「家門、部落、政黨」集團單位的風尚（社會的習慣、道德的理性）。根據柳田之見，「恥」是在武士階級那裡固有的精神或所謂的情緒。相較於「恥」是由武士集團間的倫理所發生的心情這件事，所表達的是，「外聞」是在武士以外的集團內部也可見到的情緒。

過去的大阪商人，在公共的契約書中，有被書寫成「誓言絕對不做違反契約的事情，如果萬一有背信行為的話，那麼就算受到眾人的嘲笑也沒關係」的樣子。這類契約的文句，不正是日本的「恥的文化」之象徵嗎？

十五、名譽由義理和名聲所生

在「恥」的文化圈中，規定人的思考和行動的道德原理不是對於「神」的良心，而是對於「人」的羞恥心。因此，如果能極盡地逃開世間的目光的話，將著實地安心。是堂堂正正地抬頭挺胸，不是誠惶誠恐這種事情。

蒙混電車的乘車費或逃票行爲，大抵是所謂的「天知、地知、我知」的規制在運作吧！但是在西洋，對於「神」，有良心的苛責，可聽到自動地支付「良心錢」（conscience money）這件事經常發生。

恥的意識也與「義務」和「名聲」有密接的關連。日本人常以虧欠義理之事爲恥。若實現義理，得到名聲的話，也就變成了名譽。但是，所謂的得到名譽的這樣的目標若達不到，即便不在眾人之前，恥意識也會產生出來。恥的意識經常持有兩面性。自己若出現在賞讚或羨慕的眼光中的時候，經常會自覺驕傲。當然，發展到如此的虛榮心的狀況也是會有的。

2 武士不露餓相，志士不飲盜泉之水，廉者不受嗟來之食。

但是，自己在充滿惡意的目光，或咎責的目光中出現時，經常感到無顏面對眾人。於是，由於失去面子而抱持無顏面對世間這種想法的人，大抵上是知恥的人。

恥的意識本質上是由「人的目光」所看到的倫理，而不是由「神的目光」所見的道德。因此，藉由從輕蔑、譴責，或充滿惡意的目光所見到的事情，是所謂造成羞恥心的理由。當然，人最敏感的部位大概是臉吧！因此，在被大家所看到的方面，立即也就成爲「面子」的問題。由於無恥之事導致面子整個崩壞的狀況，這是「由臉冒火中」，亦即臉紅的理由。

爲了避免面子崩壞，所努力者爲不希望被別人侮辱。爲了保存面子，而在「不要侮辱人」上表達憤怒之情。再者，在日本人方面也有考慮對手的羞恥心的特質。在人之前，爲了讓對手不缺少羞恥心，日本人有「過度擔心」的傾向。有如盡量別讓對手失去面子那樣，所謂的注意此人是否「有面子」、事態能否安穩地結束的「體貼」，是作爲日本人的美德而被重視著。

在中國，自古以來「面目」的確是老生常談的論調。在春秋戰國時代的古籍中，類似「若是這樣還有臉見某人嗎？」這樣的話經常出現。楚霸王敗給漢高祖而逃到烏江邊時，說了「無顏見江東父老」便自刎了。

「面子」最早出現在《舊唐書》中，「體面」之類的詞語也在《紅樓夢》、《水滸傳》中被表現。「面子」和「面目」與「名譽」和「自負」有少許的不同。在「面子」和「面目」方面，完全考慮屬於對方的東西，根據對手的喜好、意向、價值基礎來評價自己，是考慮著「想就對方來看，自己得到怎樣的價值」這樣的事情的自我意識。萬一對方不喜歡的話，對方如何反應之類的前提下所產生的東西即是「面子」和「面目」。

十六、《論語》和《孟子》中充滿錯誤的說教

《論語》和《孟子》是自古以來在日本人之間，不僅在儒學者，也在國學者那裡經常被研讀的古籍，思想的影響也相當地強。但是，我到今天只要聽到《論語》和《孟子》這個名字就感到厭煩，並且氣憤滿懷。高校時代困惑於《論語》和《孟子》。國文教師是極爲頑固的人，好像他從小時候開始只讀《論語》和《孟子》的樣子。我到了畢業時卻還不能背誦，便受到無法取得國文及格成績的威脅。

事實上，不只是對教師的威脅感到生氣，從實際生活的體驗而來，我所想的是，這不是近乎全般皆錯的說教嗎？在孔子和孟子的教導中，與實際生活相反的事例有不少。

對於孔子所謂的「己所不欲，勿施於人」的說教，正因爲所謂的欲求是因人而異的，所以，所述之事不是很可笑嗎？對此，從以前開始就時常被討論著。更有甚者，把人以君子和小人來二分，或「唯女子與小人難養也」，以及「三從四德」等等的蔑視女性的說教，從近代開始，是最令人詬病的。從《論語》開始，對中國的古籍予以「逆讀」的勸說者，是近代之代表性的言論人德富蘇峰。

畢竟從高校時代以來，如果以相反的方式閱讀《論語》和《孟子》的話，那麼必定會發現眞理之類的經驗會發生在自己身上。日清戰爭當時的陸奧宗光外相，也是知道逆讀《孟子》這件事的人。陸奧曾說，如果逆讀孟子的「義」和「利」的話，便很容易就能理解。這件事方面也廣爲人知。

對於所謂的「知恥近乎勇」之孟子的說教，如果以顚倒的方式來讀的話，才確實能夠領會。實際上，「恥」意識之產生這件事，與「勇」完全沒有「關連性」。即便知道羞恥，也不會成爲勇氣百倍的理由。反之，人若究竟變得不知恥，會成爲表現出無可想像程度的勇氣的人。人一旦變得厚顏無恥，失去抑制獨行和暴走的羞恥心，由於不思考「面子」的問題也無妨，也會完全失去罪惡感。如果喪失罪惡感和羞恥心的話，便成爲「無懼天」、「無懼神」的人；當勇氣凜然地湧現時，便成爲勇猛果敢的猛者這樣的人物。

在終戰時的天皇的詔敕中，有所謂的「忍所難忍」之一節，在這種狀況下的忍的精神中，最後是否也包含「忍受恥辱」這件事則不得而知。中國春秋戰國時代的吳越之戰中，敗走而落難到會稽山的越王勾踐，對於敵人吳王夫差，即便所謂稱臣的屈辱條件也提交出去。對於此時的越王勾踐，雖然所謂「會稽之恥」的詞語似乎廣爲流傳，然而，在終戰時的詔敕中，這個故事是否被影射，便是意味深長之所在。吞下小的恥辱，洗雪大的恥辱，無論在何處的國家都有此事例存在。

從此詔敕以來的六十八年，在日本，不只是速食食品等等的物質面，在精神面上，仔細端詳物事那樣的文化也正在淡薄中。無論如何，在正在加速化的社會中，「忍耐」這件事倒過來必定會被認爲是時代的錯誤。評論以恥爲開始的「忍」的精神的這件事，在這個時代變成是不可能的。

與關閉中的電車車門進行拚鬥後而進入車內的女子學生，邊喘息著邊感到不好意思的場面偶爾可被見到。因爲就跳進車內的乘車方式來說，有所謂的感到羞恥的自覺。但是最近的女性，在車內對周圍的目光卻一點也不在意，有時化妝，有時啃著麵包。近年的日本人臉皮變厚了的這件事確實存在。

在中國，直到今日，有與《三國演義》、《水滸傳》、《西遊記》、《紅樓夢》並列的超級暢銷書，此即爲《厚黑學》。此書是被稱爲清朝末期的異端思想家的李宗吾，在顚覆傳統的儒學思想的選擇下，論述如何厚顏狡詐地生存的處世論。但是，在日本，無論怎樣在附加解說下出版，也沒有人想讀。談到變成厚顏無恥這點，日本好像還沒變成像中國那樣若不狡詐無恥便不得行那樣的世界。

戰後，在日本，存在著想要把傳統的文化、傳統的價值、傳統的精神全部都捨棄的風潮。在這樣的狀況中，即便「恥的文化」想要如實地存留下來也是不容易的，不是嗎？

第七章 日本的道德教育之歷史及愛國心之論議

一、日本古來的傳統倫理

從日本史來看，在日本人的生活倫理之成立方面，所謂的神道、儒教、佛教三教的影響至深且鉅是事實。所認知的是，由三教的習合，日本古來的傳統倫理才得以形成。

作爲最早期的倫理，從神代開始的「清心與赤心」被嚴肅看待的這件事是事實。從古代以來，一貫地被視爲大事的是「誠」，其後「和」也被加上去。

根據空海的《三教指歸》和《十住心論》，對於從奈良‧平安時代流入的中國的儒教和道教毋寧給予低評價，日本作爲敬虔的佛教國家，佛教成爲社會倫理思想的主流，不是如此嗎？

到了江戶時代，雖然朱子學獲得國教的地位，但根據津田左右吉的看法，其表示在日本儒教思想並未穩固下來。這點無疑是卓見。

的確在江戶初期，儒學者中江藤樹斷絕出仕，回到故鄉近江，對母親善盡孝養之責之際，開設書院，以儒教思想的「孝」爲基軸從事對村民的教化。有名的是言及「根本教化是爲德教。言教之理合吾身之實，行道之時，人之變化由自身而出，是謂德教。」的《翁答問》。

但是，在江戶時代，由於神、儒、佛三教習合，在士農工商四民的日常生活中扎根的倫理觀念方面，若有忠孝，便有簡約；若有四民共通的社會倫理，便亦有各方獨自的倫理。

在士（或侍）的倫理方面，在山本常朝的《葉隱》中所講述的倫理精神的根幹是忠義。根據忠義，武士道得以確立。在士以外，作爲代表的人物，所知者即作爲論及町人道，亦即工商的生存之道的人物石田梅岩，和作爲論及農民道的人物二宮尊德。

梅岩以正直、儉約、堪忍作爲町人道的道德；尊德則以至誠、勤勞、分度、推讓作爲農民道的道德。尊德是從梅岩以來百年之後的人物。再來的五十年後進入開國維新，傾倒於西洋文明的福澤諭吉被稱爲日本倫理的代表人物之一。諭吉一方面稱揚文明的精神，一方面希望育成獨立自尊的日本人，倡導和魂洋才與傳統道德的延續。

在日本人的日常生活中，深刻地浸透著的東西之一，可說是儉約的道德吧！日本人直到今日，把「好好工作，好好儲蓄」這件事看得非常重要。所謂「浪費」（もったいない）的思考習慣，儘管在消費社會的現代，在年輕世代中幾乎沒留存下來，但在非洲，所謂的「浪費」這句日語被看成大事卻正在成爲話題中。

十九世紀後的東洋人，不限於日本人，清國人也在西風東漸後，面臨西風時，感受到東洋的物質文明不敵西洋的物質文明的痛楚。同時，在精神文明方面，有著所謂的上位的自負。清國在敗於鴉片戰爭之際，雖然藉著自強運動（洋務運動）而汲取西洋的物質文明，但是，卻「中體西用」，亦即特別在軟體（精神及文化）方面，延續著傳統的思考方式。

同樣在日本鎖國下的江戶時代中期，學者出身的政治家新井白石詢問羅馬耶穌會宣教師西多契（Giovanni Battista Sidotti）的結果表示，儘管西洋的天文、地理、兵學等等的形而下的學問有著令人驚嘆的進展，但是，卻確信在形而上的精神科學方面，毋寧日本這方是先進的。因此，對於德川吉宗所給予的建言是，在殖產興業上要採用洋學。

幕末兵學者出身的朱子學者佐久間象山，其所講述的「東洋的道德，西洋的藝術（科學技術）」之謂的話語，是作為當時知識人的代表的東西洋觀。「和魂洋才」的主張是對於和魂，亦即日本的精神文明感到自信的詞句吧！

二、中國的教育僅是道德教育的歷史

在中國的皇帝制度方面，得到天命的眞命天子，以君臨萬民、統率萬民爲原則。成爲天子的資格方面，有德者，亦即持有最高的道德這件事是必要不可欠缺的條件，根據由德而非由法來治理的這件事也可稱爲人治及德治。總之，根據道德來教化萬民，是中國教育史的主流。

所謂的「半部論語治天下」，意味只要理解論語的一半，就能夠治理天下。治國平天下的道理，在《論語》中被寫下。存在於「四書五經」中的教化萬民和統治天下的思考，與基督宗教社會的《聖經》、伊斯蘭社會的《可蘭經》具有相似性。

在實際的中國，從隋代起開始有科舉制度，在宋代，根據科舉而任官的制度被完備化。在科舉的考試問題方面，以「四書五經」爲中心，與這方面有關的大量的注釋經書必須要背誦。

科舉時代以前的任官制度在魏的時代以後，雖然也是能力本位的時代，但主流卻是「倫理道德」。在漢武帝開始的所謂的「賢良」、「選舉」政策方面，採取讓地方官推薦擁有「孝親」名聲的人才給政府的任官制度。若只以單方的名聲作爲推舉的基準，即便賣名行爲之類的弊害層出不窮，所謂的科舉之公平的學問競爭經歷千年仍被推行。但是，科舉實際上造成的弊害超過「焚書坑儒」，進入近代之後，也被指摘爲中華文明之沒落的元凶。在一九〇五年，廢止科舉正式地被決定。

即便經歷兩千年以上，在中國的教育方面，卻是單單以儒教倫理爲中心的教育。然而，雖然中國的教育史被限定在儒教倫理之上，即使被喻爲像江戶時代的朱子學者所禮讚那樣的「聖人之國」、「道德之國」，也未曾有過萬民的教化。反之，關於變成「道德最低」之國的這件事，則已有所通述。

中國的教育，當其從道德教育的咒縛中解除，從廢止科舉開始，儘管想以日本的近代化爲模範而施行「國民教育」和「實學教育」，但這件事眞正被推行的話，卻是相當晚才開始的。與日本的大正時期同時期的中華民國時代，國民教育接受率僅約佔總人口的二％。進入民國時代之後，甚至教育普及率的目標也不過爲二％。進入中華人民共和國的時代之後，逐漸達到了二十％的「低識字率之國」。毛澤東的「八成低識字率的解放」成爲社會主義革命的口號，正是因爲這個社會背景的緣故。

即使經歷了兩千年以上，在中國卻只有道德教育。儘管如此，爲何愈行道德教育卻反而愈需要教育呢？人民變得越來越不道德了，是這樣子嗎？在圍繞著道德教育的議論中，這件事本身不正是應該被議論的最大課題嗎？

三、明治國家的道德教育

維新後日本政府的教育是以打造近代國民國家爲目的的國民教育，以及實學教育。近代學校制度，是根據明治五年（一八七二）八月所發布的「學制」而開始的。在江戶時代，雖然朱子學佔有國教的地位，但是，從作爲佛教國家的奈良時代以來的佛教思想卻佔據根柢，由於尚包括國學、蘭學以及陽明學，江戶時代的思想事實上是多元和蓬勃發展的。這點也是開國維新之所以成功的社會條件之一。

以近代國民國家之建設爲目標，自明治五年學制發布後所開展的近代教育制度，作爲中央集權的國民教育，以劃一主義的法蘭西學制爲模範的同時，也吸收亞米利加的自由開放的教學內容。

藉著「必須期待讓村內沒有不學之戶，讓家中沒有不學之人的這件事」（學制序文），以「國民皆學」爲目標。實際上在明治末期，大體上達成了連歐米都不引用的國民皆學。

關於道德教育，若根據也能夠稱爲「學制」的實施要領的「小學教則」（明治五年九月）的話，在小學校設計「修身」的課，雖然作爲「修身口授」每週被分配兩小時，但卻不是必修科目。在教科書方面，使用從歐米的啓蒙、倫理書翻譯過來的《童蒙教草》和《泰西勸善訓蒙》等等，再輔以教師的「口傳」和「說諭」爲方法。

關於明治國家的教育政策，歐化主義還是國粹主義存在著激烈的對立。例如，侍講元田永孚汲取明治天皇的意向，於明治十二年（一八七九）所發表者爲「教學大旨」。爲「置仁義忠孝於後，徒競逐洋風如此」，忽略日本人的傳統精神而朝西洋化邁進的本末倒置這件事提出諫言。明治十二年九月，因冀望義務教育的普及而以所公布的「教育令」爲開端，往儒教主義教育的方向進行質的轉換。之後，在施行後僅一年三個月的明治十三年（一八八〇）十二月時，「改正教育令」的公布這件事反而被實現了。

在「改正教育令」方面，修身、讀書、習字、算術、地理、歷史作爲小學校的學科成爲必修。修身被置於諸學科的首位，在明治、大正以迄昭和前期，幾乎一貫地確立德育優先的教育方針，修身科成爲國民教育的中心部分。

作爲明治政府的德育的方針，明治十五年（一八八二）十二月以元田永孚爲中心所編集的《幼學綱要》在全國的小學校頒布。作爲以天皇的敕撰爲根據的道德教育的教科書，是從孝行、忠節、和順、友愛、信義等等應該教育的二十個德目起始而成的儒教主義色彩強烈的道德教科書。

無論歐化還是國風化，道德教育的基本方針之確立是明治二十三年（一八九〇）成立的《教育敕語》。對此，在總理大臣山縣有朋和文相芳川顯正的委任下進行起草，在得到樞密院顧問元田永孚的協力之際，由法制局長官井上毅起草原案。

明治二十三年十月三十日，日本國的教育方針，尤其作為道德教育的明確所在的《教育敕語》被發布，翌年十一月，基於「小學校令（改訂）」，公布「小學校教則大綱」。在大綱的第一條中，有「德性之涵養成為教育上最應該重視的方面。因此，任何在教育科目上，與道德教育及國民教育有關的事項在特別留意下要求予以授業」。在其第二條中，被記述的是「修身乃基於有關教育的敕語之旨趣，啓培兒童之良心，涵養其德性，以傳授人道實踐之方法為要旨」。以修身為中心的道德教育和國民教育被確立。

在小學校教則大綱中，修身科教育的具體內容被揭示如下：

「於尋常小學校，傳授孝悌、友愛、仁義、信實、禮敬、義勇、恭儉等實踐的方法，尤其以尊王愛國的志氣之養成這件事為要務。再者，指示對國家的責務之大要，並且，讓社會之制裁和應當重廉恥的這件事廣為人知，誘導兒童趨向風俗品味之純正的這件事必須被注意。」

汲取《教育敕語》中所揭示的德目，以如此的理念為目標，正是修身科的教育。

明治三十七年（一九〇四）四月，國定修身教科書發行之後，直到昭和十六年（一九四一）的第五期爲止，適切地經過四次的改訂而被使用，這方面成爲戰前的道德教育之基本。

四、大正時代的民主—道德

歐化和國風、國際化和國粹的風潮，從日本的文明史來看的話，作爲二十年一次的週期現象而表現的這種說法也存在著。

的確，近代日本雖然有著「攘夷」運動之激烈化的時代，卻也有著甚至被視爲異端的西洋狂熱化的「鹿鳴館」時代。

當然，也有著所謂「脫亞入歐」的歐化的思想和來自「大亞細亞主義」的「大和主義」的思潮。所謂大正民主的時代，是眞正所謂的反國粹、反「大和主義」的時代。

在此背景下，正如被稱爲「民主主義的戰爭」的所謂的第一次世界大戰（歐戰）之巨大的國際環境變化，有所謂的人氣沸騰的「民主主義」之思想潮流。這個潮流不限於日本，在朝鮮的三一運動、在中國的五四運動興起，揭示作爲口號的民主（德先生）和科學（賽先生）。另一個反傳統道德教育的口號是「打倒孔家店」，亦即打倒傳統的儒教倫理。

大正時期的教育以「個性的尊重」、「自由教育」、「兒童優先」等等爲口號，迎接民主的時代，在汲取自由民權運動的潮流的自由主義者方面，在教育界也展開被稱爲所謂「大正自由教育」的新教育運動。

在這個新教育運動中，許多新學校被設立。例如，中村春二的成蹊學園（明治四十五年）、西山哲治的帝國小學校（同四十五年）、野口援太郎等的兒童的村小學校（大正十三年）、赤井米吉的明星學園（同十三年）、羽仁元子的自由學園（同十年）。接著，在大正十年，在長野縣的上田市，從土田杏村爲中心所結成的上田自由大學那裡開始，所謂的自由大學運動也興起了。在此之後的各地，如魚沼自由大學、八海自由大學、東北自由大學、信南自由大學、松本自由大學、前橋自由大學等等逐次地被設立。

澤柳政太郎的成城小學校之修身教育，並不如同當時的公立小學校從第一學年開始，而是從第四學年才開始，也不使用修身的國定教科書。反抗根據明治時期的德目主義的劃一化教育，完全以順應各個個人的生活的修身教育爲目標。自由大學運動也著重以各個個人的道德修身爲號召的生涯教育。

雖然是由奉行這般的初等教育的學校而來的道德教育改革，但這方面可以說是由試圖將思想的基礎建立在個人主義和社會主義之上的風潮而來的。

誠然，大正的自由教育風潮，不限於在學校的兒童中心主義，從「賢妻良母」的女性圖像之批判開始，主張自由和人格獨立的婦人解放運動也呈現高揚的狀態。

五、大東亞戰爭下的昭和時期的道德教育

當進入昭和時期，確實可說日本迎來了有史以來最大的受難時代。這是因爲捲入中國大陸的內戰，陷入泥沼卻無法抽身的緣故。如果我是日本人的話，想要從當時日本身處的國際環境再一次作爲「歷史之鑑」重新看待日本的歷史，是我強烈的意圖。

關於所述方面，自清帝國十八世紀末的白蓮教徒之亂開始，所謂的教匪（教派集團的反亂）和會匪（秘密組織的反亂）也持續一個世紀以上，在其國內，內亂和內戰絡繹不絕。據說光是出自基督宗教教系上帝會的太平天國之亂，死者可能就有五千萬人，戰死者佔人口的五分之一。回亂之後，直到民間的伊斯蘭教教徒皆被殺害。所謂的「洗回」運動

也持續了數十年，傳聞中，被虐殺的伊斯蘭教教徒推定可能有兩千萬人以上，也佔總人口的十分之一以上。

其後，出自義和團的基督宗教教徒皆殺運動興起，雖然清國向列強宣戰，卻敗於包含日本在內的八國聯軍，發生了所謂的北京城被佔領的北清事變。清國失去維持國內治安的能力，不得不靠列強的駐兵來維持治安。

由於一九一一年的辛亥革命，清國崩壞，新建立的中華民國政府躍進了依舊不變的革命和內戰的時代。往北洋軍閥的內戰、國民黨內戰、國共內戰推移，中國人的武裝集團建立各個獨自的政府，進入對立、鼎立、政府任意設立的時代。歐米露列強雖然逐漸地拔身自內戰不絕的中國，唯獨日本，爲了保護日露戰爭後所得到的滿州的權益，在昭和六年（一九三一）的滿州事變以後，也在昭和八年從國際聯盟脫退之後，爲了大東亞新秩序的再建而留下來，卻漸漸陷入中國內戰的泥沼中。接著，昭和十二年（一九三七）爆發了日中戰爭，昭和十六年（一九四一）繼而面臨了大東亞戰爭。

爲了因應國際環境的變化，自昭和七年（一九三二）開始，有「關於國民精神文化的指導及普及」之提出。昭和十年，有教學刷新評議會的設置。十二年，設置教學局，基於《國體之本義》，強化以國體觀念、日本精神爲根本的國民思想教育。爲了因應愈益擴大的戰局，於昭和十六年三月公布「國民學校令」。歷來所謂的小學校之名稱被改成國民學校，長年懸而未決的義務教育年限則從六年延長到八年。

國民學校的教育科別，包括國民科、理數科、體鍛科、藝能科、實業科等五教科。道德教育屬於國民科，修身、國語、國史、地理四科亦包含在其中。道德教育以皇國國民的練成爲中心課題，也以國民精神之育成爲目的。

六、戰後日本道德教育的蹉跌

敗戰後的日本處於GHQ（聯軍總司令部）的佔領下，戰前的修身教育受到禁止。昭和二十一年（一九四六）三月來日的米國教育使節團對於戰後的日本教育，爲了永續民主主義的制度，對於民主的倫理之必要性提出勸告。以從米國導入的社會科爲中心，道德教育被包含在其中的施行方法成爲道德教育的方針。修身教育被廢止之後，暫時存在著道德教育之空白的時代。在這期間，作爲新教育的核心的社會科方面，環繞著它的導入及教科內容，成爲論爭之點。

關於戰後道德教育的復活和強化，成爲明顯的轉機之時，是昭和二十五年（一九五〇）的朝鮮戰爭與次年的舊金山講和條約之締結。誠然，不僅只有國際環境的變化，在國內，道德的退廢也給日本帶來了危機感，伴隨著主權回復，社會的要求順勢而起。

昭和二十六年，受到吉田內閣之邀請而成爲文部大臣的哲學者天野貞祐，對於教育課程審議會，就「道德教育的擴充」方面提出諮詢。而後，道德教育的計畫書之完成、學習指導要領的改訂，然後《特別教育法》的再檢討等等相關的道德教育的內容和教科方針的策定漸漸有了進展。昭和三十三年（一九五八）八月，根據「學校教育法施行規則一部之改正省令」（文部省令二十五號）的制定公布，有了「道德」時段之重新的特設。對於這樣的「道德」時段之特設，以日教組爲中心的「進步的文化人」等等提出反對，圍繞贊成與反對的議論因之而起。

對於戰後中小學的道德教育，雖然「道德」的時段復活了，有了被強化的事實，然而，道德之學習指導要領，經歷了昭和四十三年（一九六八）、四十四年（一九六九）及昭和五十二年（一九七七）的三次改正。

作爲各教科、道德、特別教育等三領域中的一項，雖然級任老師有所謂的實施每週一個單位時間的這件事，但實際上，現在的狀況是「道德」時段之指導不使用教科書，存在所謂的沒有評價的實施方式，這也是實情。

在戰後的日本，根據所謂的以塑造民主的人格爲目的的理由來採納道德教育。但是，在這之後，環繞道德指導與生活指導的概念的論爭源源不絕，「道德」時間特設以來，雖然已經經過了數十年，除了特定的道德教育研究學校和在道德指導方面熱心的教師以外，「道德」的時段有效適切地實施的狀況有如這樣程度的並不多。當然，無視這方面，尤其還沉睡在反日教育的夢中的學校也不少。

在昭和五十二年度（一九七七）小中學校的學習要領的改訂方面，以「提高道德判斷力、豐富道德的心情、期望道德態度和實踐意欲的向上」作爲「道德教育的目標」的同時，以道德實踐爲目標的道德教育，是否最終在學校進行教育實踐已成爲問題。繼而，今後道德被教科化之後，也留存同樣的疑問。

直至今日，強烈反對道德教育方面的，正是日教組。尤其「絕對反對修身科復活」的理由是培育價值的多樣化和自主性的這件事更加重要，有所謂的反對灌輸特定的價值觀這件事，並以所謂的「民主」的理由進行反對。

七、戰後日本道德教育的問題和課題

明治國家以後的日本，在所謂的萬國競爭、列強的時代、繼而國民國家時代的歷史潮流中，如何建立國民國家，是最大的教育課題。這樣的道德教育，本質上無疑不是家族道德、封建道德、市民道德，而是，以國民道德之育成作爲不可欠缺的目標。

戰後日本在米軍的軍事佔領下，修身教育受到廢止。不止於此，日本的進步文化人捨棄自身的傳統文化和精神，繼而連國家也予以否定。視國民道德爲無物，在「市民主義」、「民主主義」的名下，雖然以市民道德的育成爲目標，市民道德卻不是能如此簡單地被完成的東西。現狀是，所謂的校內暴力、霸凌、輟學等問題日漸深刻化。

那麼，民主的道德教育是什麼樣的東西呢？民主的道德究竟是什麼東西呢？環視其本質，雖然有各種各樣的見解和方策被提出，然而實際上戰後日本的道德教育並未持有明確的方向性，缺乏一貫的方策。結果，出現僅以法律來取代道德教育的主張、道德無用論，以致連道德有害論都被提出的狀況。對此，在某一方面，所謂的《教育敕語》和「修身教育」之復活的呼聲也不小。

對於近代國民國家應該要有的道德教育，探訪植基於明治維新後的「學制」的道德教育，有著環繞著歐化還是國風、國際化還是國粹的議論。最後，基於《教育敕語》的發布，相關的方向性才變得清楚。之所以如此，是因爲當時處於列強的時代。日本也有富國強兵的目標，也存在所謂的在日清和日露戰爭中勝利的時代背景，這便是以修身爲最優先的國民道德並以此作爲育成目標的時代背景。

敗戰後，已經經過將近七十年的歲月，日本雖然也成爲經濟大國，但可說缺乏連成爲普通的國家也還無資格的民主道德之確立這項條件或一定的方向性，而處在混迷中的狀態。這方面其實也就是民主主義本來的性質。由於民主主義是植基於本質上多元價值的主義，因此，「擺脫價值的自由」和「擺脫道德的自由」毋寧是其本質。

在《教育基本法》的改正前後，對於有關道德教育和「愛國心」之基本法的記載之對錯方面，被高度地關心。學校的道德教育和家庭方面的「教養」問題等等，在議論方面也活潑了起來。道德教育的問題，不只是學校道德教育的問題，與家庭教育和社會教育的關係也深，當然，也與民主、文化和宗教在關係上極爲深厚的問題。

在戰後的日本，戰前的道德教育受到毫無保留的批判。但是，經過數十年之後，對於戰後的日本人相較於戰前的日本人要來得道德，有這樣的思考人極爲少見。這樣的主張充其量不過是詭辯。繼而，感嘆戰後的道德退廢的，絕對不專屬於道學者。

接著，如此的道德退廢的元凶究竟在哪裡呢？固然在家庭方面也有問題，然而，我認爲把如此的雙親教育出來的戰後的學校教育，毋寧是應該要負責的主事者。之所以如此，是因爲學校在家庭之上擔負著所謂的教育國民的使命和重責。戰後日本學校教育的缺陷在於以優秀學校爲目標而固執於升學率，忘卻育才育德的本分，可說才是元凶。

在現代社會，除了一部分例外的家庭之外，現狀是，只在養育小孩的事情上盡力，唯獨在教育上，要插手有其困難性。青少年的行爲不良不限於日本，已成爲世界的現象，世界中的諸多國家廣泛地對道德教育轉爲高度的關心，並且作爲普遍的問題成爲人類社會的新課題。這件事最終是特殊的個別問題嗎？還是根本上有所謂的世界共通的道德這樣的東西存在呢？

尤其在第二次世界大戰之後，發生了社會主義革命、殖民地的獨立、冷戰的結束等等事件，歷經近來的半世紀以上之後，政治和經濟生活的基盤產生了激變。在世代間的繼承方面導致了相當困難的變化，價值觀也變得多樣化，伴隨而來的混亂和斷層也發生著。從新人類再到新新人類成爲社會的主角，傳統的價值觀發生了轉換，直接的影響也及於教育，尤其是道德教育。精神生活追不上物質生活也成爲現實。因此，更確切的道德教育的本質必須被探討。這點對所有國家來說是無法迴避的根本問題。

日本在像所謂開國維新後的「文明的改宗」那樣的文化和文明的轉化期中，經歷了起於所謂的歐化的道德教育還是國風的道德教育之教育基本方針的論爭，藉著立基於《教育敕語》的修身教育的成功，避開淪落於殖民地化，而在近代國民國家的建立上得到了成功。

但是，在敗戰後的所謂的「民主道德」的創出方面，混亂接續不斷，直到今日依然如此。昭和二十二年（一九四七）所公布的《教育基本法》以重視「個人的尊嚴」和「希求眞理與和平」等人格的育成作爲教育的基本理念。但是，已經經過了六十餘年，以民主主義、自由主義和個人主義爲立腳石的戰後日本人，對於道德教育作爲國家和個人的問題究竟該如何進行的大課題，不僅抱持著它，也有必要繼續不斷地追問下去。

八、前所未聞、奇怪萬千的愛國心論爭

敗戰後，即便是已經經歷了將近七十年的現在，在日本社會仍存在著所謂圍繞著「愛國心」的議論的奇怪現象。

關於愛鄉心、愛校心和愛社心，揶揄和反對它的人不存在，對於地球愛、世界愛和

人類愛也是如此。能恰當地被稱爲唯一例外的是愛國心。

但是，日本國憲法的前文所歌頌的所謂「愛和平」的部分，在近鄰的諸國如韓國、中國等，毋寧在「愛國主義」的名下被實踐，在教育中蓬勃發展。在遙遠的海的彼岸的米國，愛國心也是道德教育的重大課題。

爲何唯獨在戰後的日本，愛國心被視爲禁忌，乃至被嫌惡呢？其理由應該會很清楚地被找到。日本的進步文化人基於對愛國心的嫌惡和懷疑，雖然有著想要改訂《教育基本法》的動作，但如果看到其議論的內容，那麼作爲知識人，其對歷史的無知和知識的貧困這方面，除了令人震驚以外沒有別的。

戰前的日本毋寧把所謂的「非國民」這件事視爲屈辱。抱持「愛國心」這件事是身爲近代國民國家的國民的道德心和道義心之一項表徵。戰後，對所謂的進步的文化人來說，自己國家的存在被認爲是難以拒絕的妨害，相較於國民主義，從所謂醉心於市民主義和世界主義的時代潮流而來的「思想的信念」也連繫著對愛國心的輕視。

在近代社會，不僅個人的美德，如果缺乏正義、寬容、慈善、同胞愛等等的道德心，任何社會也無法成立。對於從長遠歷史所孕育出來的日本列島，或對於日本，其作爲從國土、國民、傳統、文化發展而來的共同體，如果熱愛它的心不被抱持，對市民的愛和人類的愛等等的抱持這件事有其可能性嗎？

米國是代表性的議會制民主主義國家，中國與此相反，是代表性的人民專制的獨裁專制國家。

財團法人日本青少年研究所做過關於「高校生的學習意識和日常生活」的比較調查（二〇〇五），日米中是參加國。對此，如果予以留意的話，米中高校生的過半數，對於國歌和國旗的驕傲感、親切感和熱愛等等皆抱持肯定的態度。對此，日本高校生的過半數則以「什麼也感覺不到」來做回答。誠然，是由於國旗和國歌不停地被教導成侵略和軍國主義的象徵的緣故。

對於愛國心，雖然米中的青年抱持著它，卻只有在日本才被禁忌化，成爲避諱的存在。若是如此，不抱持愛國心的國民，藉著秉持人的感情、責任感和氣概而支持著國家，繼而眞誠地爲他人著想的這件事，眞的有可能嗎？

在冷戰後的全球化中，作爲日本人的國家認同和鄉土愛該如何被思考呢？這件事雖然是一項歷史的課題，卻同時也是道德的課題。

戰前的日本人有想要成爲「非國民」這般思考的人恐怕是少數。被稱爲「非國民」還能淡然處之的人大概也沒有吧！可是，戰後如雨後春筍般冒出頭來的「市民主義者」，突然開始否定有國民的這件事。這點對日本人來說不得不說是突然的變異。

雖然亞米利加合眾國憲法要求「爲祖國而死」，但米國人也有強烈的市民意識。市民是獨立的個人，這點被認爲比日本人的程度更高的，是與日本同是戰敗國的德意志。但是舊西德的《聯邦共和國基本法》爲十八歲以上的男子規定了因應祖國防衛的兵役義務。無疑，這是市民神聖的義務，這點是世界的常識。

只有日本人，由於其爲對國家只有權利的要求而不負義務的國民，對於所謂「如果日本國被侵略的話」的調查，馬上回答「逃走」或「投降」的人有不少。的確一旦缺乏勇氣，無責任的心態就橫行了，無情的人充斥著，如果有所謂被輕蔑的狀況的話，或許理由就來自這裡吧！

九、對於是否將「愛國心」放入《教育基本法》之議論的愚蠢

在小泉內閣和安倍內閣時的《教育基本法》的改正之際，是否將愛國心作爲一部分置入其中的問題，對此，議論和對其之關心升高的這件事或許仍記憶猶新。特徵在於，執政的自民黨、公明黨與在野的民主黨無論哪方都避諱所謂「愛國心」的言詞。愛的作

爲是對於「國家和鄉土」，還是「日本」？或者，愛是「態度」還是「心」？議論最後所達到的，是像那樣的「言語的選擇」的層次。

對戰後的日本人來說，對所謂「愛國心」的言詞仍有強烈抗拒反應的樣子。所謂的「國家」和「日本」等文字，單單在其出現時，表示拒絕的反日日本人也有很多，正因爲如此，「愛國心」若成立的話，那麼拒絕的會更多吧！因此，在這個議論方面，以「抱持愛國心不是惡事」爲引子，當「如果對異文化的理解缺乏的話，在國際社會的生存便不得其行」，或是「愛國心不應該由國家所強制」、「這件事是各個人內心的問題」被提出來時，不言可喻的毋寧是惟獨日本人不能持有愛國心。

依「惟獨日本人不能持有愛國心」而行的這件事上，存在著形成之的歪理。總之，是以「戰前的日本人，在其愛國心被強制的結果下，侵略亞洲，在佔領地進行榨取」、「而對於日本軍國主義無論反省或謝罪都未進行」爲理由。然後，不單是愛國心，被不斷非難的是日本國旗和國歌是鮮血染成的侵略戰爭之象徵這點。

當然，這樣的牽強附會之論不限於日本人，就連在在日韓國和朝鮮人的第二代、第三代身上也看得到。雖然也居住在日本，卻對日本人的愛國心問題不斷地指指點點。其理由，可說是因爲從朝鮮方面，被視爲「歸胞」而受到提防的、從韓國方面被以棄民來認定的他們，在日本人方面也被差別對待。總之，他們將自己想成是永遠的被害者、被差別對待者，始終以「永遠的異邦人」來自我認定吧！

雖然同樣「在日」，屢屢沉痛地感受到朝鮮和韓國人與台灣人的異質性。台灣的年長者，亦即在日本時代與日本人共同在歷史中並行的台灣人方面，愛日家實在不少，「比日本人還日本人的」也不少，而在日本的台灣人也大多對日本抱持親切感而生活著。再者，對日本守不住北方領土和竹島以及尖閣諸島等等領土的狀況及不停衰退這件事感到非常憂慮。總之，在愛日本的心情不輸給日本人的程度上，他們也依然強烈。

戰後日本人的國家意識變得淡薄，反國家的日本人無限地繁殖。在這件事上，存在著形成的原因吧！其中的一項是社會主義思潮蔓延的這件事。日本的革命家們所意欲的目標，是「世界革命」和「人類解放」，最終目標則是「國家死滅」。這點是來自所謂列寧所說的「國家是支配的工具」的思想。以日本革命、世界革命爲目標的反日日本人雖然在政權方面尚且未能獲得，但在教育界和大眾媒體方面則能夠執其牛耳。再者，將戰前和戰後的日本視爲罪惡國家，不僅是傳統的文化、價值觀、精神，連國家都否定的宣傳在現在也仍持續進行。

在這樣的狀況下，有《教育基本法》的改正之嘗試。這項法律與日本國憲法同樣，是ＧＨＱ在佔領中以日本的弱體化爲目標，毫不採納日本國國民的意見而強推的東西。根本上這項法律的改正，雖然是在關係著國家存立的教育法之上，對於被否定的愛國心試圖讓其育成的教育回復，然而結局卻在偏離本來的論點之處進行著論議。

十、「愛國心是往戰前的回歸」其惡在哪裡

如果論及愛國心的話，將其視爲「往戰前的回歸」、「嚮往戰前」而過度排拒的人有不少。然而，在這件事上，我想是從對於戰前歷史的認識和評價之大幅度的搖擺不定這件事而來的。

對於該不該把愛國心作爲一部分放入《教育基本法》的這件事，雖然月刊雜誌等等方面也有特集被編成，然而，閱讀這些論文時，即便其出於高度有名的文化人，但程度上可藉以來懷疑這些人物的理智那樣的愚論不少。戰後的文化人對國家缺乏關心，認眞地思考的情況也沒有吧！或者，他們毋寧把自己也想成是所謂日本的國家之受害者，不是這樣嗎？當然，這方面，就算是擔當國政的代議士的諸位先生也不例外。所謂愛國心的問題絕非只是每個個人所持有的關於國家間之問題的想法，也是與國民每個人對本國

的權利和義務有關的問題。

雖然在「日本果眞是値得被愛的國家嗎？」、「有所謂應該要愛什麼的這件事嗎？」、「如果什麼東西被愛的話，是好的嗎？」之謂的論旨上，被談論的事情不少，但基本上在這方面對於國家的事情卻什麼也沒被思考。就像以第三者之姿，高傲地斥責國家那樣的人。當然，不言可喻的是這樣的國家及早崩潰，亡國，人民才能被解放。

在這個地方，反對愛國心的人們，雖然以「不値得愛這個國家」爲由，把日本視爲穢土，這點在現實上是有相當差距的看法。即便日本未曾像中國和北朝鮮那樣宣傳自己是「地上的樂園」之類的，但偷渡者卻不絕於後。根據每年聯合國的統計，「最想居住的國家」的第一名是加拿大和日本。

儘管以「戰前的日本是惡的」來非難自己的國家，從西洋人那裡把亞洲的殖民地解放出來的是日本，對此，除了中國和韓國以外，亞洲諸國都如此思考。雖然台灣人最尊敬的外國人爲日本人，但他們不是「戰後的日本人」，而是「戰前的日本人」。

因此，我無比地歡迎「往戰前的回歸」。這點是我從數十年間所從事的戰前史研究中得到的、對於日本史的「正確的歷史認識」。

十一、愛國心和愛鄉心是不同層次的見解

愛國心被認爲是像愛鄉心一樣的東西、像自愛一樣的東西，這個論旨雖然時有所聞，然而愛國心和愛鄉心完全是層次不同的概念。

人首先從能夠自愛開始，家庭愛、公司愛、鄉土愛、地域愛萌生，而後國家愛的持有被實現，有這樣的說理存在著。亦即，有如從個體到全體那樣的擴大，値此之際，儘管是所謂愛國心產生的緣由，但這點完全是與儒教思想「修齊治平」的天下國家論相同的思想。

如果根據儒教思想，在治國而後平天下方面，「正心、修身、齊家」首先被認爲是必要的。在此之上，所謂「治國、平天下」才得以實現。但是，這點始終只是主張，歷史事實完全與其逆反。

中國的歷史所證明的明君和名君，大致上像漢武帝和唐太宗那樣，是在父子相殺、兄弟相殺而勝出時登上權力寶座的人物。中國人尊敬這樣的人，像英雄那樣來崇拜。因此名君的條件，與孟子和孔子所主張那樣直線形的階段論完全不同，或許可以說不啻爲它的反面。

至少，個人和天下國家是不同層次的事物。在家如果不是好父親的話，就不會成爲正直的國家元首，這點的理由著實不存在。自愛和鄉土愛與國家愛完全不同。以能夠自愛出發，不會是愛國心產生的理由。毋寧自愛作爲利己主義時，暴走、發展成極端反愛國心的事例有不少。實際上，相較於國家，所謂的自己是最重要的這種主張，在日本的知識人那裡，不幸看起來相當多。

個體和全體的關係不問東西洋，直到今日作爲哲學之最根本的問題被議論著。在中國，這方面作爲「我」的問題，讓「小我」（個體）和「大我」（全體）做對比。藉著所謂「犧牲小我」的教育，培育出近代的國家意識。

對於所謂的「自愛」、「家族愛」、「博愛」的問題，其始終作爲絕對的對立問題，是從以前被議論到現在的東西。例如，在中國的戰國時代，楊朱的「自愛」（繼而作爲極端的獨我論）和墨子的「兼愛」（博愛）相對立而二分天下。在此處，孔孟的「仁」（家族和宗族愛）等等卻宛如毫無立足之地那樣。同時，佛教的「慈愛」思想作爲面向眾生的愛可見其超越了「兼愛」。法國革命後，「博愛」超越了國境，被實現爲超國家的理念，即便《戰爭與和平》的作者托爾斯泰讚揚墨子的「兼愛」精神，以人類愛爲志向，然而現實上，在世界中，如此的東西並不存在。在「現實的世界」，別說慈愛和博愛兩者與國家愛是不同層次的概念，連所謂彼此是難以兩立的東西的這件事，人們都不可能對其無知。

十二、愛國心本來就是排他的東西

愛國心一般來說是根據排他的性格而成立的。於是，這方面經常持有二重側面。至少，在國內，相較於自愛，愛國心具有優先性。雖然兩者不是經常矛盾的東西，但自愛不必然受限於與愛國的聯繫上，毋寧衝突、鬥爭的事情方面有不少。

這點與忠孝相同，所謂忠孝難以兩立，在大中華和小中華（韓國）的世界自古以來就流傳下來。進而在韓國史中特別如此，相較於忠，選擇孝的事情更多。這點不必然作爲二者擇一的問題，但無疑在重大時刻，人們卻迷惑於取捨選擇。特別是日本，就像是韓國的反面那樣。

愛國心對外往往是排他的。中國的「義和拳亂」（北清事變）是否是中國人的愛國運動，對此，雖然有相當多的議論，但從今日的中國政府來看，以「作爲愛國主義運動」來著墨。義和團高舉「扶清滅洋」作爲口號，由於其執行洋鬼子（西洋人）、二鬼子（基督宗教徒）、三鬼子（與西洋近代化事業有關者）的消滅運動，的確可說是排外的愛國運動。

不排他的愛國心之類的東西，在這個世界上不存在。所謂「排他」的東西本身，是愛國心本來的性格。作爲日本經濟界的重鎮的人物，在電視上發言說「學習中國過去的王道」，這件事時有所聞。的確，儒者雖主張「所垂範者非霸道，而是王道」，但實際上，王道只是存在於幻想世界的東西。中國有史以來，在哪個王朝、哪個帝王那裡存在過王道，我也許想知道這件事。

國與國的關係，姑且不論同盟關係的存在，特別是在鄰近諸國之間，即便如何地高唱善鄰友好，締結和平友好條約，友好卻是不容易得到的東西。由於近代國民國家以國家利益的追求爲最優先的事物，就連持有共通利害關係的同盟國之間，離合聚散也是家常便飯。愛國心成爲排他的這點，是因爲有這樣的現實的理由的緣故。

不限於排他的經濟水域，北方領土也好，竹島和尖閣諸島也好，對於主張這些區域的領有權的鄰近國家，日本是排他的。日本人如果有愛國心，爲了守護國土而有排他的作爲，不是理所當然的嗎？

十三、愛國心不是自然的感情

「自己對其生養之國的熱愛這件事，是自然的感情」，這是前首相小泉純一郎的話。但是，結果眞是如此嗎？

關於愛國心，許多的學者輕率地斷言：「自然發生的情況下所產生的東西」、「人與生俱來的歸屬本能之表現」、「從DNA來的東西」。但是，如果愛國心是自然的感情的話，在任何國家反覆地鼓吹愛國心的教育這點也沒有必要吧！中國和韓國、北朝鮮往那樣程度的愛國教育狂奔而去的這種事也不會有吧！更何況非難戰前的日本愛國教育，擔心「愛國心之灌輸的教育，是陷入戰前民族主義教育的讚美之中」，並且對之予以反對，也沒有這樣的必要性吧！

對自然的愛、對人間的愛、對鄉土的愛是極為自然的東西。但是，對自然和人間的感情不只是愛的感情。如果也有對自然的恐怖心的話，那麼對人嫌惡的感情也會有。若對所謂「欣求淨土，厭離穢土」的淨土宗的彼岸思想浸透著日本人的精神世界這件事加以考慮，那麼，人對自然的感情若只以「愛」來說並不能盡其言，這點非常清楚明瞭。

人是欲求深廣的存在，從自然開發開始直到面臨自然的破壞，對於自然無非以欲望爲優先而橫行霸道。這點還能稱得上人之常情吧！所謂的民族是「天生自然」的東西，國家與此不同，是「人爲造作」的東西。因此，相對於民族屬於生理的及心理的概念，國家則是倫理的和法的存在。

由於日本是在長久歷史中所誕生的自然國家，在開國維新之際，儘管被稱爲重新的改造或轉生，但是在這樣的國家，愛國心的育成這件事並不是如此地困難。此外，也是所謂的非多民族複合國家的緣故，被認爲愛國心的育成較容易實現。

在如同中國、越南、緬甸這樣擁有五十個民族以上的多民族國家，以及在近代國民國家的建造上落後的國家，愛國心的育成進步性不大。例如中國等等國家，一方面是擁有悠久歷史的老大國家，有著各式各樣的文明、文化、宗教和語言。但另一方面，諸民族間的利害對立有不少的緣故，愛國心的扶持可說是極爲困難。爲何在今天，有所謂的若不標榜「反日愛國」的口號，國家便不能統一呢？其理由來自於所存在的這些背景中。

但是，硬要將對立、抗爭接續不斷的諸民族培育成所謂的中華民族這樣的人造民族，這點幾乎是不可能的事。儘管如此，在近代中國的國家建造上，無論如何愛國心都是必要的。

近代民族的形成和育成，首先從民族主義的萌芽開始，民族主義運動繼而興起。在此過程中，在民族意識被育成之後，才算完成。因此，愛國心不是自然的感情，是在近代國民國家的建造之過程中所育成的東西。作爲育成的手段最使常用的是教育和媒體。在這方面，特別是如果觀察中國、韓國及北朝鮮那樣的、透過往「外敵創出」狂奔而去而育成愛國心的國家們，便非常容易了解。

十四、有所謂「好的愛國心」和「壞的愛國心」這樣的東西嗎？

列寧使用所謂的「正義的戰爭」和「不義的戰爭」的詞語，亦即，存在著好的戰爭和壞的戰爭是當然的事。即便在《春秋》（孔子編纂的史書）「無義戰」，爲伴隨「革命」的戰爭和「吉哈德」而戰的人們，無論是誰，從自身的立場都不會否定「聖戰」和「義戰」這件事。

當然，若發生在中國，也是一樣的。從黃河中下流域的中原爲起點，以迄今日的領土，在領土擴大之際，即便在這之間的戰爭被稱爲「征伐」，但絕對不會稱爲「侵略」。在這方面，對於日本，則灌輸「正確的歷史認識」之事實，日本的戰爭不是日本方面所稱呼的「大東亞戰爭」，而是判定其爲「侵略戰爭」。基本上不是良善的戰爭，而是稱之爲惡的戰爭。

戰後的日本人全員一致地將愛國心視爲惡魔，嫌惡之，避諱之。由於一直相信自己曾經進行惡的戰爭，曾有過惡的愛國心等事件的緣故。無論戰前的愛國心或戰後的愛國心，全被視爲惡的愛國心。

反之，在中國、韓國和北朝鮮的民眾之中，把自己的愛國心稱爲惡的愛國心之類的人大概不會有吧！由於相信自己的愛國心爲良善的東西的緣故，在中國，所謂「反日有理，愛國無罪」等等的言詞也出現了。於是，踐踏日本的國旗，辱罵其爲「倭豬」，叫囂「核平日本」、「把大和民族從地球上抹去」，卻稱讚對日本的內政干涉。在韓國也是如此，連國家元首也藉由反日政策以確保其支持率。因爲這點也完全被認爲是良善愛國心的表現。

在成熟的民主國家，對於愛國心，始終被認爲因感到厭煩而不願談論之。但是實際上，米國的愛國教育之類的事，絕不落於新生國民國家之後。將其視爲重要之事，毋寧是現實。一方面以國旗和國歌作爲國民的統合和愛國心的象徵；一方面作爲世界的警察，即便在冷戰終結後，爲了世界秩序之維持仍動員自己國家的兵員。對於這個大國，雖然伊斯蘭諸國反抗著它，在戰後的長時間裡，在日本反米意識也成爲巨大的潮流，在今日也不可說是衰弱了。米國人的愛國心可說是良善的愛國心嗎？或者是惡的愛國心？這樣的觀點，對於不同的人，基於身處之國的立場，大概會有不同的理解吧！

無論如何，在近代的國民國家中，視愛國心爲非必要的國家並不存在。把愛國心視爲罪惡的日本，爲了成爲健全的國家，必須改變這樣的非常識的想法。

第八章

超越道德的日本文化

一、受儒教思想腐蝕的日本文化和心

隨著時代改變，雖然日本文化和日本人的心也跟著改變，但出自神代的時代所受尊崇的，不正是「潔淨赤誠的心」和「誠」嗎？

例如，作爲國文學者而被知曉的久松潛一曾說，關於日本的國民性的特質和諸相，存在其根柢的是富涵情理的「誠」。依傍著如此的美意識的國民性之特質，在上古時代，汲取了「明淨直」（明澈、潔淨、正直的心），在中古，則是「哀」和「趣味」，中世爲「幽玄」，近代則爲「粹」、「通」、「寂」等等「從自然所獲得的美」之類的事物。雖然因應時代在美意識方面可見其之變化，但可說存在於種種美的根柢中的事物不啻爲「誠」。

所謂因應時代，日本文化和日本人的心也跟著改變的這件事，是確實如此的。尤其，所受到的影響不單是在儒教和佛教方面，也在西洋文化方面。

在日本的國學者中，認爲儒教和佛教對日本文化造成負面的影響的人也有不少。雖然我對儒教的倫理持否定的態度，然而在佛教方面，毋寧基於神佛習合讓日本文化更爲豐富，這是我的想法。當然，近代的西風也有如此的作用。例如，和洋折衷絕非只是中途半端、非和非洋的東西。歐化和國風的拮抗，並非作爲原因而對日本文化造成否定的結果。

然而，儒教、佛教和西洋諸文化流入日本，是否對現代的日本文化和日本人的內心造成什麼樣的結果呢？

如果具體地列舉在日本文學和日本藝術方面作爲中心的美的理念的話，便有如下的存在：

清明（潔淨、明澈）**的心或清赤**（潔淨、赤誠）**的心**[1]（誠）

清、清明

益荒男風（丈夫風）

哀、物哀

大和魂、大和心

可笑（滑稽）**、面白**（有趣）

1 原文：清き明（赤）き心。

長高、遠白
雅艷、妖豔、有心（深思）
幽玄
無常觀、因果應報、輪迴轉生
判官贔
武士道
侘、寂
粹、通、意氣

關於「誠」，「誠」本身是通貫日本精神而不變的精神，其被稱爲美、眞、善之一體化的表現、以及言行一如之樣態。作爲這點的理由，「誠」不僅表現出美，同時也是眞和善所在之處，因爲其表現出藝術、道德和宗教的緣故。總之，也可說其實現了一切的根源。

此外，「誠」作爲美的表現，也可說是清明。雖然「誠」是眞言、眞事，但這個「誠」的根源卻是眞心、眞情。眞心和眞情的言語表現是眞言，行的表現是眞事。眞言和眞事一體化的這件事從言靈的信仰那裡也很明確，言靈是讓眞言如此地成爲眞事的力，或讓其成爲生命的東西。

如國文學者久松潛一所指出的那樣，日本精神的構成是根據「誠」被形塑的，貫通古代經典的「誠」作爲不變的事物，將皇神的道義、言靈的風雅以及日本民族的歷史等這些事物稱頌爲「日本精神的表現之所至」。

「誠」這個東西在神代的時代比任何東西都來得重要，它也是屬於道德的，是在日本的倫理史那裡所一以貫之的精神。「誠」在日本文學方面是一貫的精神，隨之，它是成就國民性之本質的東西，這件事，爲其之表現。「誠」應該是日本的「肇國的精神」、日本人的心、日本精神、大和魂和大和心這些事物吧！

的確，日本文化和日本人的心雖然隨著外來思想的影響和時代的變化而改變，如果從古神道的思想那裡來看的話，像顚覆根柢那樣的變化是有限的。

例如，在一九三〇年代，日本精神在最被強調之中被援用，是爲高揚的時代。在這方面，不光只是強調皇國、國體等等，作爲日本精神的「萬葉精神」其普遍性也被宣揚著。

另一方面，儒教一邊高唱著「五倫」、「五常」的道德，實際上經過數千年所形成的東西卻只有獨善和僞善。因此如同在中國人的社會的俚諺中也存在的那樣，成爲所謂的「一切全是謊言，只有騙子才說沒有謊言」的詐欺（虛僞）社會。存在在中國社會和日本社會的根柢上的差異，藉著詐與誠的一字之差便能表露無遺。

由於儒教思想的流入，日本文化和日本人的心被腐蝕了的這件事，可說是江戶時代的國學者所指出的受「漢意」所害之大。津田左右吉所指出的「日本並不受容儒教思想」，是應該被傾聽的意見。

存在於日本肇國精神之根柢的「誠」，對於來自僞善倫理的侵蝕該如何應對呢？這件事不也是日本人精神史的其中一項課題嗎？

二、日本人的道德軸心爲「誠」

「誠」被視爲日本人的倫理核心，這方面的事例相當多。外界所見的日本人，一言以蔽之，是誠的民族、亦即正直的民族，有時候是到了像傻瓜那樣程度的正直的人們。這點不知道是不是如和辻哲郎所說的，可能是從所謂島的「風土」而來的東西呢？

大陸和半島民族在生存競爭太激烈的情況下，「誠」的貫徹這件事非常困難。相較於「誠」，首先父母會教導子女「別被人欺騙」，如此的處世規訓會先來。取代所謂的要「誠實」，高唱作爲處世規訓的「孝」、「仁」和「禮」。在有良心的人看來，是難以生存的社會。相較於「誠」，「詐」是生存之術，也是生存之性。

即便擁有才能，如果嫉妒之的人在身邊，由於有強出頭的危險，但並非出於所謂的強鷹隱爪等等的奧義，而是爲了保護自己，所謂經常裝扮成愚者便是所使用的「詐」術。老子所謂的「大智若愚」，大概是極致的表現吧！

在所謂誠的事例上，如同對自己本身的誠，也有對他人的誠。再者，對團體的誠、對事情的誠也被要求。這點是通曉公平精神的例子，在基督宗教的國家也是應該被遵守的規範。

但是，日本的神如果不像基督宗教那樣的絕對的存在的話，也不是像佛那樣的所謂講述悟性的存有者。藉著人們祭祀神、敬畏神的事例，神變得更爲尊貴。反之，人們若怠於祭祀，神也會跟著墮落。人若保有「誠」，亦即正直的心、對誰都不感到愧疚的清明的心時，敬神這件事也成爲必要的。在日本，神與人處於相對的關係中，其並非絕對的權威。基於這個緣故，在任何時間，「誠」都被要求。特別是以和爲貴的風土中，在團體中，若以妥善地維持調和狀態爲前提，那麼「誠」成爲非常重要的元素。

在商業行爲上，日本方面，誠實是廣告文句。而在中國，強調「眞品」的這件事才成爲重要的事。若深究裡層，可說就是假貨相當地氾濫這樣的事。即便「打假運動」雷厲風行，在中國，販賣假貨仍橫行不絕。

日本人重視「誠實」和「眞心」，是從神代的時代以來連綿不斷的傳統。武士道精神雖然基於「義、勇、仁、禮、誠」以及「名譽」和「忠義」而成立，但從幕末開始，「誠」特別被突顯於前。

有如日本，作爲島的民族，相較於大陸的民族，「心」，亦即內發性、自發性、自律性受到重視。這是因爲對於神的「誠」經常被要求的緣故。但是大陸的人們，有如魯迅所言，由於奴隸的根性相當強，如果沒有外在的強制和強大的刑罰的話，德的持有這件事便不可能。因此，「仁義」和「忠孝」的倫理實際上也是出於對刑罰的畏怖的「仁義」和「忠孝」。

與此相反，日本人的傳統的倫理觀的主軸在於心情的純粹性、眞實性和美本身。如此重視心情的傾向存在於日本人的「誠實第一」主義的底邊，並且是形成日本人的心和道德之軸的根本。

三、從神代的時代開始而持續著的清明心

從神代的時代開始，日本的諸神重視清明（赤）心。在《古事記》中，有著須佐之男命於高天原對天照大神立下誓約的故事。

受命治理海原的須佐之男命返回母親的所在地時，爲了向胞姊天照大神交代理由而拜訪高天原。於此同時，由於登上高天原的樣子過於狼狽，天照大神以「未必有善意」回之，懷疑是爲了奪取高天原而來。此時，須佐之男命以「無邪心」、「無異心」，只有「潔白」之事來辨明。天照大神以「汝心之清明何以得知」之提問來確認。對此，須佐之男命爲了證明無邪心之事，以「立誓生子」訂立誓約。

在《日本書紀》中，所使用的是所謂「清赤心（潔淨赤誠之心）」的詞語。本居宣長在《古事記傳》中，對於這個用詞，以「明（明澈）即是清（潔淨）」來解說。古代的日本人，以無邪心，亦即無二心爲美德而重視之。以此爲根據，作爲道德的規範，出於本心的「誠」，受到重視。

在神代的世界，不知是否是因爲清明（赤）心被要求的緣故，在古代人的感性被連綿不絕地繼受的《萬葉集》裡，對於「清」的事物以深沉的關心來連繫，如此的歌相當

多。在其中，如由中大兄皇太子如下的歌所見的正直的心情，實沁入到人的內心之中。

夕陽照射橫亙海上的雲而光輝映現，今宵的清明月色是爲所期。

在大和、飛鳥、奈良朝以降的日本，雖然佛教和儒教的思想從大陸傳入，但日本人一方面保持「清明（赤）心」，一方面受容外來的規範、多樣的價值觀，而不斷變換樣貌下去。

根據日本倫理思想史學者相良亨之見，在天武天皇的宣命中，百官（役人）以「明淨直之誠心」作爲文言而使用，這方面借著「淨明心」、「清明正直心」、「明淨心」、「忠赤誠」、「貞淨心」、「淨明心正直言」、「忠明誠」些許地進行著變化。桓武天皇以降，據信宣命被統一於「正直」的這件事得到了實現。

順帶一提，中世以降在民間流布的神的宣託方面，八幡大菩薩是「清淨」，春日大明神是「慈悲」，天照大神爲「正直」。

四、日本的「誠」之歷史足跡

進入近世後，想要將所謂正直的德目應合於儒家的「理」，亦即道理的概念之動機隨之出現。當時，江戶幕府雖然將朱子學設為官方的主流，對於這點，儒學者山鹿素行、伊藤仁齋等等，卻訴求回返朱子學以前的儒學，重視作為實踐倫理的忠和信，在忠信之中，持續地重視「誠」是其表現。

中國哲學史的研究家武內義雄在《易與中庸》「末卷付錄」中，論及在中國雖然存在以「敬」為中心的儒學和以「致良知」為中心的儒學流派，但以「誠」為中心的儒學卻未曾產生。基本上，日本儒學的特色是所謂的形成以「誠」為軸心的儒學之處所的這方面。

如果根據相良亨之見，山鹿素行等人往「誠」的傾注，是從對朱子學的否定開始。而後，在朱子學那裡，重視「理」，而提倡「敬」理之事。山鹿素行不是「對於理的誠」，而是藉著自己無法止息的心情而在自然中生存著的這件事即表現為「誠」之存在。

人一生下來，對他者抱持著試圖壓抑卻無法壓抑的感情。再者，君臣、親子、朋友、夫婦之間應該維持的禮教之道也被稱爲生下來所持有的東西。無法壓抑的感情，應被發揮於後者的人之道，也可說是人所被賦予的東西。

由素行而來的誠，是「不自欺這件事」，竭誠之人是爲至誠之人。此心情的本然狀態是作爲自然物之存在狀態。

再者，對於「誠」與信之不同，「誠是正道、天道、自然的實理、人之不得止息的根柢。忠信是就事實上來說，因此，誠是就一切來說」。相對於忠信是就具體的事項或言行而言者這點，誠則作爲普遍不變的倫理。

相良亨指出，近世的誠的倫理，一方面通達從古代以來對清明心的尊重，中世對正直的重視，然而日本人普遍的倫理意識未成熟，仰賴心情的倫理意識是爲所見。

被稱爲近世儒學元祖的藤原惺窩，對於捨棄佛教、轉向儒教的理由，有如下表述：「我長久以來師事釋氏，儘管如此，在心中存有疑惑。然讀聖賢之書卻信之不疑。道果然存在於此。豈能外於人倫嗎？釋氏既已斷絕仁種，又滅絕義理。這點是爲異端之所倚。」（《惺窩先生行狀》）

儘管惺窩視佛道爲「斷絕仁種，滅絕義理」而求取儒教倫理，但他所求的不是孔孟儒學，而是宋以後佛教化的朱子學。以學習當時這樣的朱子學的林羅山、山崎闇齋等人爲根據，在日本構作出將「敬」置於中心的江戶儒學流派。

對於林羅山等的官學儒學者，市井的儒學者伊藤仁齋對於以敬爲中心的思想批評其只是拘泥於外面的威儀，把武士的矜持過度看成是大事，對於自己和他人只是施以嚴格的要求，結果內面的東西反而被疏離化。

山鹿素行對「誠」的注視，也是從這個流派所出，對他來說，雖然應該端正威儀，若存在無法止息的心情，亦即從內面湧出的情感本身的話，對他人竭誠之事才有可能。

於是，對於重視心情的儒學，荻生徂徠和其弟子太宰春台等批判其爲對儒學之誤解。「所謂的誠，將善惡不分名之爲德。誠存於善，也存於不善」。從作爲上述的這點而來，「以憑空論誠之人爲主的教導，絕不存在於孔門之中」（《聖學問答》），把提倡誠的儒學視爲亞流。

然而，在此之後，江戶儒學的流派從「誠」開始而將「至誠」開展爲中心。這點與幕末的吉田松陰始終有關。吉田松陰認爲關於誠，「實、一、久」三個要素兼備爲必要之事。

這個出自松陰的、把至誠置於人倫之道的本然之處的思想，觸動了幕末志士們的心，不僅倒幕的志士爲之傾心，也成爲佐幕的新撰組的旗印。幕末志士們從覺悟之初的堪得誠，進而追求活在至誠中的覺悟。

在《葉隱》中，有「任何事皆僞的人世中，死毋寧爲誠」這樣的話。死這樣的事本身作爲與誠的論理一致的東西，進一步讓誠被徹底化。

五、美能超越善惡嗎？

根據黑格爾之見，「藝術持有平和欲望的粗野之能力和使命」。以「所謂讓表象爲人所想起的這點，已經是在進行撫平之中」作爲原因來看，主張藝術是制御粗野、淘汰情熱的根本。再者，有所謂的藝術（美的價值）以教化之事爲目標，以「訊息的鈍化」爲目的的思想。因此，稱「藝術成爲諸民族最初的教師」。

再者，藝術的目的在於「道德的善惡」。這點所描述者是從「藝術爲道德之完全性提供傾向和衝動。其最終目標必然導向道德之完全性」這件事而來，所論者亦爲善是藝術的「效用和最高目的」。

比起道德，黑格爾認爲藝術存在於更高的立場。在這方面，是因爲黑格爾思想中的「道德」概念與三件東西的概念，亦即我們的道德中的「德、人倫、正義」之類的事物明顯不一致的緣故。

例如，雖然儒教道德把稱爲「人倫」（仁、義、禮、智、信）之五倫的家族和宗族道德視爲最高的事物，但這方面不必然能稱爲道德的。因此在中國，即使最受追求的「有德者」也不必然爲「道德的人物」。

所述者，美的價值（藝術）與作爲眞理的價值和道德的價值的善不同，若離開意識體驗便無法實現。因此，是心理學處理不了的事。在中國道德教育的中心裡，雖然缺乏有關「美」或「美善」的教育，但在西洋卻絕不是罕見的。總之，是作爲在人與美的事物的關係中所呈現的道德價值，並以感情、道德的判斷力、充實的生活方式作爲道德教育而不斷培育的東西。

這方面是美的事物和醜的事物的認識能力，再來是認識藝術作品價值的能力之不斷育成。這方面是審美眼光、美的感覺、美意識、美的判斷力、趣味和感性。誠然，也在日本的教育上，藉著圖畫、音樂等等的教育而培養感性。

相較於所謂的「五倫」那樣的「人倫」之強制，持續培育對美的事物感動的心也是必要不可欠缺的道德教育。人無法勝過自然。自傲於神之上的人智和人力，也是人的傲慢。

人的感情這件事也是道德能力的一環。勇氣、同情、寬容的感情全都是道德行爲之動機。因此美的事物，例如所謂的小說、演劇、電影、電視劇等持有故事形態的藝術作品培育著人的情感、提高人的道德判斷力、深化道德的理解力。近代的道德畢竟是從近代的社會所發展出來的。在人權、自由、機會平等的社會中，人之種種擁有追求充實其自身之生活方式的能力，由於保有信仰和結社的自由，人權和私有財產受到保護，多元的價值也被認可。

但是，在獨裁政權的國家，由於人權和自由不受保障。這樣的社會儘管自傲於幾百年、幾千年的道德教育的歷史，但卻缺少道德育成的理路。這樣的社會缺少意識自己、自我思考如何充實自身的生活方式的能力、反省自己和追求的能力，亦即「實踐理性」，連讓道德判斷力被保有的這件事都不可能。

柏拉圖談論眞善美的同一性。雖然戰前的日本人時常談到眞善美，但從戰後以來，卻成爲完全接近死語的詞彙了。

的確，眞善美一體化這點，或共有某物這點是有困難的。因爲美的價值是某種獨特的崇高價值。

如同日本的先賢們所指出的那樣，日本人相較於善惡判斷，卻以是潔淨或者是污穢的判斷爲優先。因此，比起勸善懲惡，以禊祓爲優先這點，不也是當前的事實嗎？

雖然中國人始終把德視爲至高的價值，所謂的「有德者」受天命成爲天子，統率萬民這點，是歷史的流傳。然而，日本人是以無污穢的完成美爲至高的價值。日本人對美的價值的志向，一般而言不正是超道德的東西嗎？

六、和歌是眞言陀羅尼

和歌可說已經從《萬葉集》以前的上古時代開始就存在了。它也可說是代表日本人的「純」心的東西。

無論空海或西行，在和歌方面，都擁有所謂眞言陀羅尼的歌論或和歌論。

關於西行的歌論，的確從以前開始就被廣泛地談論至今，而外界的事象不過全是假相（虛妄），以如此的空觀爲根基，持有所謂一切事象爲無相（虛空）的和歌觀。

再者，西行的和歌觀也是所謂的和歌即佛像，和歌即眞言。

西行的和歌就其一生皆談論著心而不絕。所謂的「心造諸如來」的句子可以歸納地表述西行的心。這方面我認爲不正是從所謂萬法由一心生起的華嚴思想而來的東西嗎？

「眞言」是在密教上所稱的三密中的語密。表示關於佛或菩薩的誓願、德行及充滿深刻意味的開示的秘密語句。在對這方面的歌頌、對這樣的文字的直觀這件事上，存在著應合各式各樣的眞言之功德，即身成佛也受開悟，種種願望也得以實現。

因此，眞言之歌甚至被認爲是「如來之眞的形體」。藉著西行，有「和歌常使心澄，故而惡念消失。若思來世，此心亦行進無息。」被言及。大致上是如此吧！

歌是完全超越現世的榮光的東西，在究極的所在，歌與宗教是融合於同一世界、進入到無邪念的宗教世界的東西。

不僅在於西行的歌論，本居宣長也從「心」論起，進而論及「人情」，最後則是與倫理的對立。

歌這樣的東西儘管有各種樣態，但根本上並不是理應有助於天下的政道的東西，若詳加考慮，除了講述於心思考這件事以外，便沒有別的了。

繼而關於與倫理道德的關係有如此談論：

「即便只是善惡教誨之事，表現應時之意的歌多爲：願學習體會世人的感情，領悟痛苦。如果快樂的事，對誰來說，都是快樂的；悲傷的事，對誰來說都是悲傷的話，僅從此意而歌詠之，此即歌之道也。」

歌不是以勸善懲惡爲目的的東西，可說是對於世間的人情、實情之物的講述。將心之所思如是地傳達成歌，便是眞正的歌之道，必須吟詠好歌，也是所強調的。歌順從情感、是應該描述情感的東西，其即爲人情，是應該歌詠人之本心的東西。

其主張作爲與儒教倫理之勸善懲惡的想法對立，從儒教倫理中解放出來之論述，亦即，歌之道應該如是地歌詠人情。

若問敷島的大和心爲何，
晨曦中映現的山櫻花即是。

有如此歌之廣爲流傳，也有相當多的歌爲宣長所作。但是，相較於歌人，他其實是以國學者而聞名。他在人情與倫理的錯綜關係裡，相對於倫理，他選擇了人情。

在朱子學者跳梁的江戶時代中，他重新發現神代以來日本文化的優越性，講述「物哀之知」這件事。相對於漢意，選擇了倭心。

神代的人們其心、行及言，全抱持著素直優雅的心，他告誡別被中國渡來的倫理道德所污染。吟詠和歌這件事成爲神代的心境之體現。這是宣長的想法。

七、關於替代「修身」而產生的教育

體貼可說是日本人特有的美德。即便像我這樣的異邦人，隨著在日本居住了半世紀，所謂日本特有的道德，似乎也自然地在身上體現出來。

如果回想一下，《教育敕語》已經在小學一年級時能背起來。戰後，台灣雖然不再屬於日本，然而從小學到高中，在所謂「公民」的科目中，有著與戰前的「修身」相似的道德教育。但是，有如前述，「尊德」和「尚德」的精神不是只有在學校教育上才從身上體現出來，相較於這方面，家族和社會全體、所謂那個時代的意識和空氣的東西，我認爲它們是影響人們行爲的東西。

戰後，日本的學校教育雖然「修身」消失了，然而在文部省（現在爲文部科學省）「體貼教育」的呼聲下，在學習指導要領的「道德章節」中，在與他人的關係上，揭示所謂的「體貼、親切待人」這點。即便閱讀所謂「體貼教育之要領和報告」的文部省文書，但是，在現在學校教育的實地，其被實施到何種程度並無所悉。

在這方面，這個「體貼」到底是什麼呢？是日本人獨特的東西嗎？讓我們稍微考慮看看吧！

日語的「體貼」（思い遣り），在英語上雖然能被譯爲「Sympathy」，但在「Sympathy」這個字上，無論如何，所謂同情、共感的意味相當強，可說與日語的「體貼」似乎不完全一致。體貼之意義所在，我認爲絕不是只有同情而已。雖然也有被譯成「Concern for Others」（對他人的擔憂和關心）的例子，但在這裡似乎也不十分完全。

在中文方面，也被譯爲「忠恕」。但「忠恕」帶有所謂「以寬大的氣度原諒他人之不正和橫暴等等」的意味。但這裡也與日語的「體貼」有些許差距。基本上，「忠恕」也不歸入「五常」、「五倫」及「四維八德」之中。在復仇心強烈的中國人那裡，「忠恕之心」是相當難得的東西。

那麼，日本人的「體貼」，具體地說，所意指的是什麼樣的行爲呢？

例如，給急迫的人優先；在結帳時，如果多得所找的零錢會歸還；如果有受傷的人，便幫忙叫救護車；聆聽友人的煩惱和困惑；在車上讓座給老人和孕婦；若有老人和女性在比較長的階梯上帶著沉重的行李上下階梯，便替他們提行李，諸如此類的各種狀況吧！

或許，體貼不是所謂的施予偌大恩惠之事，而是所謂的謙讓、幫助、關心，或在日常細微的行爲中存在的事例吧！

八、沒錢也可以的七種施予

在日常生活的細微行爲中，所顯示的體貼之事，是視留心程度而定，無論什麼人都可以的事情。自古以來，在日本所喜愛的佛經中，《雜寶藏經》是其中之一。在其中，所謂無財的七施，即所謂的沒錢也能對人布施之事的教導被談論到。

第一，所謂的眼施，只要對人投以和善的眼光，便能夠讓人和睦，並使其感受到愉快的氣氛。

第二，和顏施，不單是眼光，如果容貌整體爲和善的話，這樣也能使人和睦。

第三，言辭施，藉著柔和的言詞，不單是出於口舌，而是只憑著滿懷誠心的言詞來講話，便能讓對方感受到幸福的氣氛。

第四，身施，不只是言詞，任何具體的行動一旦成立，便是爲了對方之事所做的行動。

第五，心施，以眞心對待對方。即便做了善事，如果未懷抱誠心的話，便無法顯現眞正的親切。

第六，床座施，爲了對方而將場所空出讓與。亦即，有限的東西相互分享，抱持謙讓的氣懷。

第七，房舍施，基於善心提供一夜的住宿。總之，滿心喜悅地給困難的人伸出援手。

例如，電車上遇到認識的人時莞爾一笑，許久不見而熱情招呼，稍微挪動一下讓自己旁邊的位子坐得下。只是如此，卻已施予眼施、和顏施、言辭施、床座施四種體貼。其他方面是日常眼前的事物，在最近的日本，所謂很普通的事情也表現不出來。無論做了什麼，謝謝這樣的話沒被應回的情況也屢屢可見，對人的體貼方面，所謂難以理解對方這樣的事也存在著。

近年的日本人，無論在施予或接受時的感謝，在這些方面表現出鈍感，不是嗎？然而，爲了對方考慮所做的行爲，被稱爲「偌大的幫忙」，親切的意圖也許反而有變成打擾這種事。以「沒問題」來拒絕的事例也有。在這裡，沒有某種程度的共感，對於對方也不會傳達體貼之情。

或許也有出於所謂的「看了很不忍」、「不做的話，說不過去」、「做的話才心安」的心情自發地表現的體貼。實際上，卻有內在動機，也是帶有企圖的體貼。但是，從本心、誠心所出的體貼是眞正的體貼；從內在動機所出的東西雖然難以說是眞正的體貼，這個行爲自身的根柢究竟是眞心，或是從這裡所出的內在動機，在這方面要透徹地看清是有困難的。

例如，對帶著沉重行李辛苦爬階的老人不會走向前去；但一方面，如果年輕的女性如此辛勞的話，問一句「可以幫忙嗎？」，便上前幫忙提行李，放上置物架，這樣的人如何呢？

從單單對於年輕女性的行動來看，事實上是親切體貼的行爲吧！在這裡，不得否認有所謂想要得到對方的好感、希望被旁人誇獎的內在動機。所謂不願面向老人的事實意味著什麼？再者，也無關對年輕女性的不純動機，就所謂行爲的結果本身也有受評價的餘地。

九、如在「村八分」中所表現的優秀的民族性

常說的「村八分」這個詞，雖然帶有所謂被排除於人群之外而成爲孤立者的意思，

但把這點當成是歧視用語的話，實際上卻頗爲可笑。村八分是日本人的體貼的一種象徵，對於所謂村八分這樣的惡者和被摒棄者的處置方式本身，在我看來，其不正是體恤的象徵嗎？

從社會主義運動的歷史來看，如何把同志的結合看成大事呢？然後，對於自外於這樣的結合的人如何予以嚴厲的處罰，也可想而知。社會主義運動最明顯的特徵之一，即是對於擾亂結合的同志貫徹絕對的不寬容，即便對同志的流血肅清也在所不辭。這方面，在日本的左翼運動中也見得到。在日本的流血肅清劇，由於並非社會主義國家，因此不是出於政爭，而是以所謂的對於派系內部的內在暴力和叛徒的肅清的形式而被表現出來。

史達林所進行的流血肅清的實情，根據赫魯雪夫時代蘇聯共產黨大會的報告而被批露，造成舉世的震驚。當然，中國共產黨的肅清劇也可說是不落人後。始於中蘇兩國、在社會主義政黨內部的內在鬥爭方面，在「共產主義黑書」等等的報告書有仔細的紀錄，這方面的犧牲者可說有數百萬人或數千萬人之多。這件事，可說不下於二十世紀的世界大戰中的陰慘的悲劇。

與此做比較的話，日本的村八分保有體恤的側面。村八分是在村落的共同體中，對於作惡多端又一事無成的橫暴者所爲的所謂斷絕來往的制裁。然而即便如此，在火災和喪事的場合，卻會援助及提供香典。所謂的結婚和小孩出生的場合，則以任其而去的態度。村人無視於此，對之毫不關心也無意了解。

根本上，所謂村八分這個詞是從什麼樣的背景中產生來的呢？它是從作爲村內的往來之所謂「誕生、成人、結婚、死亡、法事、火災、水害、生病、啓程、普請」的十種基本要項之訂定而來的。這些要項是作爲在德川幕府所發布的《御定書百箇条》的條文中與人際往來有關的十條項目而被列舉出來的東西。

由於從這十個項目的人際往來，除開火災和喪事二項，亦即從十分中的八分項目排除出去，故爲所謂的村八分。這方面，爲什麼只有二分的往來被允許呢？在火災的狀況下，不僅那個家庭的財產全部化爲灰燼，也有往全村延燒的疑慮。爲了防止延燒的緣故而有所謂的救援之事。在喪事的狀況下，無論善人或惡人，敵人或朋友，出於所謂「往生即成佛」的思想，便有所謂的與村民共同憑弔的想法。

在過去的日本，生活的基礎幾乎只有在共同體之中，如果被從村莊裡完全驅逐出去的話，除了變成盜匪以外便沒有其他生存術可言，因而驅逐形同判死。在這裡，由於村民的體恤，斷絕往來只限於八分。況且過去的日本人認爲人若犯罪並非此人本身爲惡，而是被惡靈附身的緣故。因此。只要祛除惡靈的話就變好了，潔淨本身就是好的事情。

就連像在高天原時那樣暴虐的須佐男之命也一樣，在出雲的肥之川（斐伊川）的上流只藉著進行禊祓便得到原諒，在此之後，便成爲受敬愛的神了。這件事是只藉著進行禊祓便承認再起和再生的日本人的、鮮明的轉型的起始點。這應該在是「誅九族」（上下九代內皆誅之）的中國人那裡不會被考慮到的創見吧！

十、對自然的敬畏、對衆生的慈愛是日本人的心的原點

毛澤東臨死時，在中國發生唐山大地震。對於這個地震，在當時，詳細情況沒被公開而受到封鎖。改革開放之後，與唐山有關者的回憶錄漸漸問世，當時的狀況其若干部分變得較爲明朗。誠然，全部的封鎖還沒有解除的條件。

唐山大地震時，死者被推定有數十萬人。但是，比地震之受害還要多的事件層出不窮。附近的農民舉家動員襲擊地震受災的家家戶戶。從氣息尚未斷絕的人們那裡奪走財產工具以至於手錶，有所謂的這種狀況。在受災地，雖然出動了人民解放軍，然而據說在化身爲盜匪的農民之面前卻也無計可施。實際上，存在可怕的、趁火打劫的暴民之鑾

行。雖然或許在世界上也經常有如此的事情發生，但在中國人這裡，卻尤其存在著所謂對人的災難和脆弱落井下石而襲擊之的傳統風氣。

在日本阪神淡路大地震發生之際，中國文壇的前輩柏楊從電視上看到神戶市民的狀況時，把所記得的有秩序的救援活動和對於沒發生掠奪行爲這件事的感動，告訴了我。「日本人眞厲害，中國不會贏過日本。」對於日本人的貼心和有秩序的尊法精神讚嘆不已。對於這方面的細節，由於也在與我的對談《新醜陋的中國人》（光文社）裡，有興趣的讀者敬請閱讀指正。

雖然對於「日本的常識是世界的非常識」之類的事件有所談論，滿懷對人的貼心，乃至於成熟的日本社會本身，可說是舉世稱讚的貴重財產。

魯迅曾感嘆說：「中國人不把人想成是人。」對他人的體貼是所謂把人當成人而尊重的一種愛，是由敬畏之念所生的東西。如果不把人想成是人，那麼體貼理所當然不會產生出來。

日本人以體貼是由教育和教化所培育的東西來自許，即便在今日的教育這方面也仍被重視。其對象不限於人，而是作爲生命而綿延不絕者的全體。對於山川草木，體貼之心也相當強。

日本雖然不是完全的佛教國家，但從聖德太子招來佛教，聖武天皇自命為「三寶之奴」（佛的下僕）之後，在日本人的心中，佛教心靈被顯明地反映出來。作為原始宗教的神道，由於其思考方式也與佛教融合，這點也浸染在日本人的心中。對神道自然的畏怖產生出對山川草木的體貼，與此相連繫，所謂對佛教眾生的體貼，不僅是對人，還是對一切生靈的體貼。可說體貼心相當深厚的國民在預期之外誕生出來。

近來頻頻被強調的所謂「善待地球」的思考方式，是日本從古代以來作為自然而生的感情而存在著。如果可以就國民性的特點來說，若說是本能的事實也無妨。日本佛教獨特的「山川草木悉皆成佛」的思考方式也包含神道的教義而匯集出來的東西。

對自然的敬畏、對眾生的慈愛存在於日本人之心靈的出發點。

原始神道其與自然共生的願望由心所出。這點應該是由溫暖濕潤的氣候風土所產生出來的東西。如大陸那樣寒暖之差別劇烈、乾燥化亦嚴峻的風土之下，殺伐式的社會被營造出來。與此不同，日本人則蘊育出即便對敵人也極度寬容的社會。

在中國大陸，自古以來取人的肝臟和膽囊作為藥用（明代藥學的不朽巨著《本草綱目》李時珍，於人部詳論）。以如此的實利主義為要旨的大陸民族，有所謂的曝曬陣亡敵人的屍肉，做成乾肉和鹽肉而供作兵糧的行為，在日本的應對中，可見到與這點相反的心靈之本然。與鑿開敵人的墓，鞭其屍的中國人之生死觀的確是項對比。

教育國民怨恨敵人，是爲大陸民族的習氣之影響，當然半島的習氣也處於這樣的傳承之中。但是，日本卻不因長久以來受到大陸和半島而來的文化之影響而受限，在日本如此的習氣沒有傳遞開來。

不分敵人和盟友，滿懷良善和體貼的行動其實踐爲日本民族之所有。同時，在持續秉持著不屈的鬥魂之處，可以說是「和魂」的神髓吧！

後記

近代國民國家的教育上，國民教育和實業教育成爲主流。但是，在我進入小學之前，尚仍以《三字經》、《千字文》爲開始，也有所謂背誦「四書」的識學教育。雖然小學入學前能夠背誦「四書」的《大學》、《論語》、《孟子》，但不能背誦《中庸》。隨後，在小學一年級時，迎來了終戰。

或許也可以這麼看。我大概是台灣最後的舊漢學書房之生徒，和最後的日本語族之其中一人，是不是呢？

戰後，中華民國政府的教育畢竟是舊式的。高中的國文以難解的宋代理氣之學、朱子學和陽明學爲中心，許多時間主要被用在文詞之註解。在國文的合格標準方面，《論語》和《孟子》的背誦被視爲最低必要的條件。

的確，國語或國文科以外，也有「公民」等等的道德教育。因此，「仁義道德」和「善惡」之論議，不得不必然作爲日常生活的一部分，這樣的狀況已成爲現實。於此，所謂「成爲『道德之國』了嗎？」的疑問，從離開高中開始也都一直都存在著。

進入七〇年代時，在我原本一直持有的道德觀上，發生了哥白尼式的轉向。與完全迥異的兩種道德觀之相逢，則是開端。

戰國武將中，著名的伊達政宗之家訓中有「過仁，則弱；過義，則執；過禮，則諂；過智，則辯；過信，則損」。然後，在「智仁勇」方面，有所謂的「過勇，則暴」。對此，明治初期的陸奥宗光外相在獄中有所謂的「義即利」的考察。其爲分別不同的發現。

原本，在我幼時所度過的社會環境中，不僅「仁義道德」，「善」也是絕對的價值。哪裡談得上對於傳統、道德、價值的「反論」（Antithese），就連疑問也不被允許。更甚者，是連想都想不到。

日本社會是在多樣性上富饒的社會，是「什麼都有」的社會。以古代的故事作爲分野，即便在同樣的近世或近代，雖然中國和朝鮮只容許朱子學，但在江戶的日本，不只是朱子學，無論神道或佛教，國學或陽明學，就連蘭學也都有。

從江戶時代的朱子學者開始，支那學者以及戰後的中國學者，似乎完全把中國諸子百家的思想當作自家藥箱中的至寶而禮讚之。然而，古代中國的諸子百家思想在人類的精神史中，幾乎就只是偏限於「目的方法論」的領域。也可說是古代的「實用主義」（Pragmatism）。

這樣若被稱爲思想和哲學的話，幾乎是不可能的。不存在從純然「how to」（know how）的論域中脫離的可能性。在中國的思想史中，被冠以「認識論」而開始被談論者，是從佛教傳來之後，大概在七百年後誕生的宋代理學及氣學中出現的。理氣之學的集大成者朱子學也好、陽明學也好，只是盜用佛教哲學的用語，而對古典儒學進行再注釋而已。

作爲對中國思想的評價之一例，有空海的「十住心論」。在其中，人類精神史的發展被分成十個階段。第一住心是異生羝羊住心；第二是愚童持齋住心；第三是嬰童無畏住心。從這裡往最高的秘密莊嚴住心，以及住心之發達、開悟的境地不斷地接近。從第一住心開始到第三住心爲止被稱爲「世俗之三心」，儒教是「第二住心」，老莊思想被歸類爲「第三住心」。弘法大師的眼中所見之儒家、道家思想，只是稍微從動物和野蠻人那裡分離開來的東西。

我也在日中的文化摩擦和文明衝突中被育成，是經常冷靜地從第三隻眼的角度，並且從異文化和文明的比較中，嘗試來了解文化以及人的心和魂的其中一人。

中國以獨尊儒家爲根基，只容許文人（讀書人、文化人）的士道。而也在兩千年以上的歷程中，想要對萬民強加以士道。

然而，在日本，有作爲武士的武士道，也有作爲石田梅岩所代表的町人道的「石門心學」，就連二宮尊德的農民道也都有。尤其在日本的精神世界中，有神道和佛道，其多樣性和豐富的精神性，實爲世界之冠。這又成爲日本人的底力，在無常而轉變成有爲的世上，有無與倫比的適應力。

在這裡的半世紀以來，我受到出自日本人的心和魂的道德及支撐著它們的傳統文化的牽引，受其感動不知幾回。

當然，這不只是文化等方面的軟實力而已，我認爲也可說是由於事實上，日本是在硬體的多樣性上也相當富足的豐饒社會的緣故。從自然的稟賦，或從社會的結構來看，只有日本才產生出絕對不會陷溺於全體主義國家的結構。對此，我感到相當確信。

正是如此，我也在半世紀的歷程裡，從日本人的心和魂中，持續不斷地探求超越善惡的價值觀。於是，也有不少的發現。

本書是對於從七〇年代開始我所不斷追問的「德是什麼？」的問題，在片斷時刻中持續寫出的感想之集成，亦即對於倫理道德之我見。以二〇一三年末滯日屆滿五十週年爲一個段落，總括對於德之我見而欲促其問世。在這樣的思考下所出版的本書，若能成爲讀者朋友們的他山之石，則是甚大的喜悅。

二〇一三年十二月吉日

黃文雄　謹識

帝王統治術、封建護身符、
思想的麻藥、倫理緊箍咒……
「儒」之爲禍，大矣！

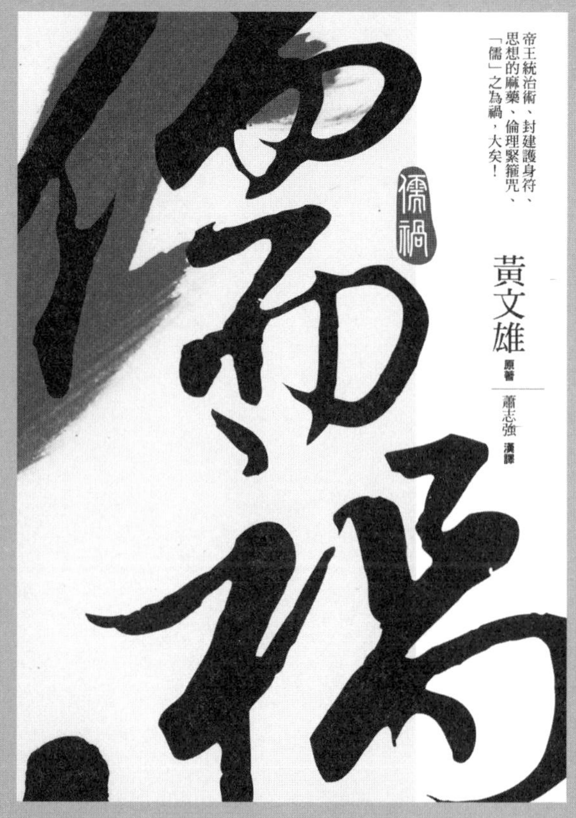

儒禍

黃文雄著 · 蕭志強譯　416 頁 / 定價 400 元

本書指出，要瞭解中國人在表面與實質之間的巨大落差，就必須從儒教切入。因為儒教美化加工「堯舜禹文武周公」的聖王傳統，將之視為最高典範，所以後來那些不擇手段登基的壞蛋與庸才，為了強調正統與道統，總愛無恥地偽裝成「聖王」的繼承者。因為儒教強調華夷之別，認為中國人才是人，周邊外族只是禽獸，所以禽獸若不服王化，對之使詐殺伐乃天經地義。因為儒教強加在百姓身上的，如君君臣臣、夫婦有別，全是合理化社會不平等的奴才道德，大部分百姓雖無力反抗，也不可能真心接受，因此只要統治者管不到，就不會乖乖遵守，所以看在外國傳教士眼裡，自然是一群被動、缺少反省與良心的「良民」。至於少部分內化儒教道德、自願當奴才的臣民，為了顯示盡忠盡孝，便以忠孝節義之名，上演一齣齣父食子、夫殺妻、割股獻君、切肉餵父、易子而食的荒謬場景，終將中國社會帶領至無以復加的變態、病態、畸形狀態。

國家圖書館出版品預行編目資料

日本人的道德力：超越道德的日本精神／黃文雄著
；黃柏誠譯. -- 初版. -- 臺北市：前衛, 2019.06
304面；15×21公分
譯自：日本人の道徳力：道徳を超える日本精神

ISBN 978-957-801-877-8（平裝）

1. 道德　2.日本精神

199　　108005337

日本人的道德力：超越道德的日本精神

日本人の道徳力 - 道徳を超える日本精神

作　　者　黃文雄（Ko Bunyu）
譯　　者　黃柏誠
責任編輯　鄭清鴻
封面設計　李偉涵
美術編輯　宸遠彩藝
出 版 者　前衛出版社
　　　　　地址：10468台北市中山區農安街153號4樓之3
　　　　　電話：02-25865708｜傳真：02-25863758
　　　　　郵撥帳號：05625551
　　　　　購書・業務信箱：a4791@ms15.hinet.net
　　　　　投稿・代理信箱：avanguardbook@gmail.com
　　　　　官方網站：http://www.avanguard.com.tw
出版總監　林文欽
法律顧問　南國春秋法律事務所
總 經 銷　紅螞蟻圖書有限公司
　　　　　地址：11494台北市內湖區舊宗路二段121巷19號
　　　　　電話：02-27953656｜傳真：02-27954100
出版日期　2019年6月初版一刷

定　　價　新台幣300元

Printed in Taiwan　ISBN 978-957-801-877-8